A arte de roubar

FUNDAÇÃO EDITORA DA UNESP

Presidente do Conselho Curador
Mário Sérgio Vasconcelos

Diretor-Presidente
José Castilho Marques Neto

Editor-Executivo
Jézio Hernani Bomfim Gutierre

Assessor editorial
João Luís Ceccantini

Conselho Editorial Acadêmico
Alberto Tsuyoshi Ikeda
Áureo Busetto
Célia Aparecida Ferreira Tolentino
Eda Maria Góes
Elisabete Maniglia
Elisabeth Criscuolo Urbinati
Ildeberto Muniz de Almeida
Maria de Lourdes Ortiz Gandini Baldan
Nilson Ghirardello
Vicente Pleitez

Editores-Assistentes
Anderson Nobara
Jorge Pereira Filho
Leandro Rodrigues

D. DIMAS CAMÁNDULA

A arte de roubar
Explicada em benefício dos que não são ladrões ou Manual para não ser roubado

Tradução
Fernando Carlos Moura

2012 © da tradução brasileira
Título original: *Arte de robar esplicado en beneficio de los que no son ladrones ó Manual para no ser robado*
Direitos de publicação reservados à:
Fundação Editora da Unesp (FEU)
Praça da Sé, 108
01001-900 – São Paulo – SP
Tel.: (0x11) 3242-7171
Fax: (0x11) 3242-7172
www.editoraunesp.com.br
www.livrariaunesp.com.br
feu@editora.unesp.br

CIP – Brasil. Catalogação na fonte
Sindicato Nacional dos Editores de Livros, RJ

M756a

Monlau, Pedro Felipe (D. Dimas Camándula), 1808-1871
A arte de roubar : explicada em benefício dos que não são ladrões ou Manual para não ser roubado / D. Dimas Camándula; tradução Fernando Carlos Moura. – São Paulo: Editora Unesp, 2012.

Tradução de: Arte de robar: esplicado en beneficio de los que no son ladrones, ó Manual para no ser robado.
ISBN 978-85-393-0369-4

1. Espanha – Civilização. 2. Espanha – Usos e costumes – Séc. XIX. 3. Roubo. 4. Roubo – Prevenção. I. Título. II. Título: Manual para não ser roubado.

12-8556.   CDD: 946
                                                                            CDU: 94(460)

Editora afiliada:

Asociación de Editoriales Universitarias de América Latina y el Caribe

Associação Brasileira de Editoras Universitárias

Sumário

Advertência . IX

Prólogo em citações . XI

Introdução . XIII

Capítulo I – Artimanhas para roubar . 1
    Roubos decentes . *31*

Capítulo II – Precauções para não ser roubado . *35*

Capítulo III – Plano de conduta no ato e depois de ser roubado . *53*

Capítulo IV – A floresta de larápios . *59*
    I – O sobretudo . *59*
    II – O pontapé de uma bailarina . *61*
    III – O chapéu cheio de xarope . *63*
    IV – Senhores, não emprestem a bengala! . *65*
    V – Os ladrões monomaníacos . 66
    VI – A falsa mulher do bêbado . *67*
    VII – A dúzia de camisas . 68

VIII – É madame Laffarge! . 69

IX – Tabaco e paralisia . 71

X – O pseudomarido e o xale . 72

XI – O chapéu do juiz . 73

XII – Um contrabando em Sevilha . 73

XIII – Os ladrões na taverna . 79

XIV – O ladrão e o médico . 80

XV – A prova das balanças . 81

XVI – A dor de lado . 82

XVII – O roubo no tumulto . 83

XVIII – Onze mil rs. em bilhetes . 84

XIX – Uma pistola, mais uma escopeta . 84

XX – O artista com cola de farinha . 85

XXI – Um fraudador de profissão . 86

XXII – O padeiro e o alfaiate . 87

XXIII – A mulher bem-disposta e prudente . 89

XXIV – Tire-a o senhor mesmo! . 97

XXV – As bolas de bilhar . 98

XXVI – O cômico contrabandista . 98

XXVII – O roubo de um depósito . 99

XXVIII – Boyle e o segredo . 100

XXIX – A virgem e o soldado . 101

XXX – O falso agente de polícia . 102

XXXI – Os dois adereços . 103

XXXII – No mesmo altar! . 104

XXXIII – Outro pior ainda . 105

XXXIV – Monsieur Groslichard . 106

XXXV – O instrumento que não toca . 108

XXXVI – Um conselho de amigo . 109

VI

XXXVII – O cavalheiro galante e a cômica . 110

XXXVIII – O oficial debochado . 113

XXXIX – O joalheiro e a escrivaninha . 114

XL – Uma mãe enganada . 116

XLI – Aparição de Satanás . 117

XLII – O andar precipitado . 122

XLIII – Meio de comer quando não há dinheiro . 123

XLIV – O riso do romancista . 124

XLV – O proscrito . 125

XLVI – Duplo roubo . 129

XLVII – O ladrão distraído . 130

XLVIII – A casaca do general . 132

XLIX – Perigosa aventura de um oficial . 133

L – O frade e a pistola . 141

LI – O taberneiro devoto . 142

LII – Um amigo ladrão . 143

LIII – Acontecimento latroindustrial . 150

LIV – Golpe de mestre nesta corte . 152

LV – Cinco caixas de ouro . 154

LVI – O noviço dos bandidos . 155

LVII – O alfaiate, ou a força do hábito . 161

LVIII – Ferocidade e descaramento . 161

LIX – O brinco da princesa . 163

LX – O sobrinho do padre Merino . 164

LXI – Receita original para pagar as despesas . 166

LXII – O roubado cúmplice do ladrão . 167

LXIII – O parto de um contrabando . 169

LXIV – Um roubo com devolução . 170

LXV – O oficial de guarda roubado . 171

Capítulo V – Miscelânea . *173*

Biografia ladronesca . *173*

Vida de José Schubri . *174*

Vida de Cartucho . *188*

Vida de Mandrin . *192*

Os ladrões de Londres (confissões de um deportado) . *194*

Estatística do roubo . *208*

Roubos em Paris . *208*

Roubos em Londres . *209*

Observações sobre a propriedade literária e sobre
o roubo que se comete com as impressões malfeitas
ou sub-reptícias . *211*

O direito de propriedade . *215*

Notícias soltas . *219*

Um artigo roubado . *225*

Os ladrões . *226*

Advertência

Esta obra é propriedade de quem a compôs com seu trabalho paciente e a imprimiu com seu próprio dinheiro. Aquele que a reimprimir furtivamente será um ladrão e, como tal, estará sujeito a ser importunado pelo autor. Para se prevenir, D. Dimas Camándula tomou todas as medidas de precauções de costume, e outras.

E para que nenhum pirata literário possa alegar ignorância, é estampada aqui a presente advertência.

Prólogo em citações

Na ordem social, *os abusos inevitáveis são leis da natureza*, conforme as quais o homem deve formular suas leis civis e políticas. BALZAC

Todo homem é proprietário natural da parte de terreno que lhe provê os alimentos e roupas que utiliza durante o ano. SALVADOR

A destreza é a causa próxima da vigarice. LA BRUYÈRE

Quem rouba em quadrilha é tão ladrão como quem rouba sozinho, e uma nação que faz uma guerra injusta não passa de uma grande quadrilha. FRANCKLIN

Para entender o quão pouco as riquezas interessam a Deus, basta observar como as distribuiu. POPE

O supérfluo é um direito dos que nada têm. FONTENELLE

Os homens são tão simples que aquele que quer enganar sempre encontra alguém que se deixa enganar. MAQUIAVEL

Os senhores sabem por que aborrecemos tanto os avarentos? Porque não podemos tirar nada deles. VOLTAIRE

Conquista: ação pela qual alguém se apodera gloriosamente da propriedade de outro. *Conquista-se* um reino, uma província, uma mulher bonita; mas ainda não decidimos *conquistar* um correio, uma carruagem ou uma diligência. JOUY

Nos negócios entre os homens não é a fé que salva, mas sim a desconfiança. NAPOLEÃO

A guerra forma os ladrões, e a paz levanta as forcas. PROVÉRBIO ITALIANO

Todos os homens são jogadores, e todos jogam com dados falsos. DIDEROT

O rico que não olha os pobres como credores engana a Providência. DE LA BOUISSE

Pedir emprestado não é melhor do que mendigar; assim como emprestar com usura não é melhor do que roubar. LESSING

A propriedade do supérfluo não está na natureza; é uma criação da sociedade. FRANCKLIN

Todas as questões possíveis neste mundo se reduzem a questões de *força* ou de *artimanha*. ANÔNIMO

Levar a mal é roubar; aceitar bem é conquistar. ARNAULT

Nessas dezessete citações, o bom leitor tem explicada perfeitamente toda a teoria da arte de roubar, ou melhor, toda a *fisiologia do roubo*. Medite bem sobre elas e depois se ocupe da pequena introdução a seguir.

Introdução

TODO MUNDO ROUBA, oh, mas claro, TODOS SOMOS LADRÕES. *Veja, amigo leitor, não posso ser mais explícito, porque, se sou pouco educado com os meus compatriotas, saiba que não perdoo nem a mim mesmo. Isso é porque não há solução; e, por mais paradoxal que seja a proposição, ela é eminentemente certa e indestrutível.*

Não há que se estranhar: Gall, que na cabeça, onde nós não vemos mais que uma abóboda de osso lisa e pelada, conseguiu encontrar a bagatela de algumas dezenas de corcundas ou órgãos, nos disse terminantemente que desde a nativitate *existe em nós o órgão do furto; e por mais sinais que se encontre não muito longe do órgão da astúcia, perto da sutura não sei das quantas, ali pelos contornos do olho.*

Se não basta a palavra do Gall, aí está a história para nos convencer de que, se não existe o órgão do furto, homens e animais estão roubando como se existisse. Sim, senhores: se não existisse o órgão do furto, seria necessário criá-lo. Do contrário, meia história do gênero humano ficaria sem nenhuma explicação plausível.

Não vou discutir aqui se geralmente se rouba por prazer ou por malícia — há de tudo no mercado. A gralha, por exemplo, roubará, entre outras coisas, por prazer, por brincadeira, por mera diversão; mas outros, que não as

XIII

gralhas, roubam indiscutivelmente com plena e cabal malícia. Há cachorros e gatos que têm a mania de não querer se alimentar senão do que roubam. De Victorio, rei da Sicília, e de vários outros personagens, conta-se que tinham uma propensão irresistível a roubar sempre alguma coisa, ainda que no dia seguinte a devolvessem ao seu dono. Isso pode acontecer. Mas há outros personagens, e também outros que não o são, que, com a mesma propensão irresistível e manias iguais, nada devolvem. E isso é atroz.

Existe, portanto, na cabeça de todos os homens e de todos os animais que a têm, um órgão do furto: e à presença desse órgão, ao seu desenvolvimento gradual, se deve, talvez, o fato de sermos todos ladrões, uns mais, outros menos, uns no atacado, outros no varejo, uns por gosto, outros por necessidade. Sobre os animais, dizem os naturalistas que todos nascem e vivem como ladrões profissionais, mas que se conhecem muito pouco avarentos. Agora, sobre o homem, digo eu que todo filho de mulher nasce e vive como ladrão consumado; e que, talvez por se diferenciar dos animais, o homem é frequentemente um avarento.

E estranharão agora, os senhores, que o paganismo admite um Deus dos ladrões? Ah! MERCÚRIO, o patrono de todos os mercadores e aquele que acobertava todas as encrencas do Olimpo, é, sem dúvida, a divindade mais necessária, a que recebe agora cultos com mais frequência, como recebeu nos séculos passados e como receberá nos futuros!

Coloquem, leitores, a mão no peito, questionem a sua consciência e me digam se vocês se atrevem a sustentar que não são de maneira nenhuma ladrões. Se é empregado ou trabalha num escritório, o que menos poderá ter furtado é uma pena ou um papel, sem contar os trinta minutinhos de trabalho que rouba sempre que pode. Se vende comes e bebes, não há discussão; se veste ou calça o próximo, já está dito; se empresta dinheiro, imaginam? Se é autor, necessariamente há de ser um plagiador, há de roubar porque já nihil sub sole novum. *E quem nunca conseguiu algo de graça ou obteve vantagem em sua vida? Quem nunca fez um pouquinho de contrabando? Quem não tentou e conseguiu se livrar de uma peseta falsa ou de um dobrão furado? Vamos, senhores, sejam francos e admitam que eu não sou assim tão leviano quando afirmo que* TODOS SOMOS LADRÕES.

Mas precisamos distinguir: há ladrões normais e ladrões excepcionais. À primeira categoria pertencemos todos os homens de bem; à segunda, todos os klopémanos (quer dizer, os que padecem de klopemania, cleptomania, ou mania de furtar), ou os que roubam sem nenhum esquema. Nós somos ladrões decentes, furtamos sem fazer escândalo, por egoísmo, por represália, instintivamente, sem querer prejudicar ninguém, sem apelar a trapaças... Isso até que é bastante tolerável, e se me permitem vossas excelências, é até necessário. Os ladrões excepcionais, aproveitando-se dos maníacos infelizes, roubam com escândalo, são descarados e têm a consciência de que vão arruinar o próximo, valendo-se da astúcia, da força... Oh! Esses ladrões não são decentes, não são homens apresentáveis: a sociedade deve se levantar em massa para exterminá-los.

E enquanto a sociedade e suas leis se levantam para alcançar o extermínio violento dos ladrões excepcionais, eu ainda preciso de tempo para dar quatro conselhos aos meus coladrões decentes, explicando-lhes a intrincada ARTE DE ROUBAR, *e precavendo-lhes desses roubos cruéis e anormais que semeiam espanto nos povos e terror nos caminhos. O primeiro homem inventou os guarda-chuvas e os guarda-sóis; Francklin inventou o para-raios; Orioli descobriu o para-granizo; outros têm discorrido sobre várias espécies de paraquedas e para-bombas; eu quis inventar o para-ladrões, e penso que fui feliz nisso.*

Este livro, verdadeiro MANUAL PARA NÃO SER ROUBADO, *deve ser o vade-mécum de todo homem de bem; os pais devem dá-lo aos seus filhos para que eles o decorem; os catedráticos devem comentá-lo nas aulas, até os padres deveriam explicá-lo aos fiéis em seus sermões. Vá caçar sem licença,*

XV

vá viajar sem passaporte, abra mão de ter um seguro, abra mão... de qualquer coisa... tudo isso é melhor do que sair à rua sem um exemplar, pelo menos, deste precioso A ARTE DE ROUBAR, que merece ser qualificado como tesouro da humanidade.

Basta de preâmbulos, vamos aos fatos.

Capítulo I
Artimanhas para roubar

A vida é um combate perpétuo entre os ricos e os pobres, entre os que têm e os que não têm: a propriedade está constantemente declarada em um estado de sítio. Descrever todas as artimanhas inventadas para transvasar o dinheiro, as joias, os gêneros, os víveres etc., de um proprietário a outro, seria obra para encher cem volumes. O plano do nosso A ARTE DE ROUBAR não pretende ter tamanha extensão: seremos muito mais breves, mas nos faremos entender bastante bem.

Sair para um caminho real – e, com um trabuco ou uma navalha de três palmos, a pedir de forma sultânica o dinheiro ou a vida – não é artimanha nem coisa que o valha. Isso só é feito por tontos, os que carecem de talento para roubar no povoado, os que não estiveram em nenhuma cadeia, em nenhum presídio, onde (digo isso com o perdão de nosso sistema prisional e penal) pudessem aprender as mil e uma manhas para se apropriarem do alheio sem assustar o dono nem empregar a violência. Deixemos, pois, aos salteadores, a esses ladrões *rurais* ou *rústicos*, para os quais em especial se inventou o açoite, o presídio, a forca e, posteriormente, o garrote vil: suas toscas e brutais artimanhas são conhecidas por todo mundo: a força, a violência, o punhal, eis aqui a sublime tática desses homens ferozes. Miseráveis!!!

Mais dignos de atenção para nós devem ser os *larápios*, os *batedores de carteira*, como dizia o nosso Góngora, os *trapaceiros*, os *mentirosos*, os *enganadores*, os *malandros*, os *caloteiros*, os *rufiões*, os *ladrões de colarinho branco*, os *truões*, os *espertalhões*, os *agiotas*, os *malandros*, os *canalhas*, os *vagabundos* e demais espécies, variedades e subvariedades do gênero ladrão. Trema quem queira ter alguma coisa a guardar! Trema, porque há de saber que está rodeado de numerosos inimigos, cujas unhas e cujo olfato penetram até o mais profundo de um bolso, de uma escrivaninha, de um baú e do seio da terra.

Entremos no labirinto das artimanhas.

———

Vão os senhores brincar de guerra em um café: é inverno, penduram os senhores a capa no cabide, e, quando querem retirá-la de volta, encontram-se os senhores sem a capa nova, e em seu lugar está um ensebado e puído capote que não vale dois quartos de um tostão furado. É inútil manifestar aos senhores que foram roubados. Por igual método, são surrupiados chapéus, bengalas, guarda-chuvas etc.

———

Se os senhores não são apanhados por esse meio, podem ser pelo seguinte, copiado dos jornais de Madri (março de 1836):

"Novo modo de roubar capas. Seriam onze da noite quando atravessava encoberto por sua capa um cavalheiro pela Rua de Valverde, muito alheio, sem dúvida, do encontro que o aguardava. Dois homens a curta distância dele vinham falando com entusiasmo como se discutissem; e quando chegaram mais perto, um deles parou, e olhando o cavalheiro de alto a baixo, exclamou: "Rapaz, essa não é a minha capa?". "Não estou para brincadeiras", respondeu secamente o homem encoberto. O suposto dono insistiu que era sua, apoiado pelo seu companheiro: o cavalheiro, que já estava desesperado, quis chamar um vigia, mas os outros se adiantaram a chamá-lo, e segurando-o como um preso, tiraram-lhe a capa, e o entregaram ao vigia como se ele fosse um ladrão. Por mais que o homem gritasse e tentasse se safar do vigia, não conseguiu fugir: os dois comparsas levaram a sua capa com o consentimento do vigia, que de boa- -fé acreditou neles; e, sem dúvida, a vítima teria sido levada à delegacia se um oficial conhecido seu não tivesse passado por ali, para tirá-lo das mãos do honrado asturiano, que fazia tudo para não deixá-lo fugir."

Muitas vezes acontecerá de se apresentar aos senhores um sujeito pedindo esmola para fulano (conhecido dos senhores) que está preso. São os senhores roubados se dão um quarto, porque o tal fulano não está, nem nunca esteve, na cadeia. Outras vezes serão os senhores roubados com as desculpas de uma doença, uma desgraça, de perseguição política etc.

D. Dimas Camándula

No trajeto das procissões, na porta do teatro, em todo espaço ou lugar concorrido, há necessariamente ladrões de colarinho branco. Há um ladrão direto, imediato, ou ativo, e logo três ou quatro comparsas que ajudam e se encarregam de transferir o lenço, o cantil, o relógio ou o bolso roubado para uma distância inacessível. As artimanhas que utilizam são denunciadas todos os dias nos jornais.

––––––––

Passam os senhores de noite por uma rua vazia; aproxima-se um sujeito e, assim, como que por brincadeira, descobre a cabeça dos senhores e atira seu chapéu para o fundo de uma escadinha ou para uma porta de uma garagem escura. Os senhores não gostam da brincadeira e vão em busca do chapéu: ao pegá-lo, são apanhados por dois fortes comparsas que estavam escondidos na escadinha e, depois das agradáveis intimações de costume, saqueiam aos senhores por completo. Eis aqui uma nova artimanha.

––––––––

Outra: três homens desconhecidos ocupavam-se (em 31 de janeiro de 1835) em roubar as lojas da Rua Nueva de Málaga, utilizando o conhecido método: um deles, coberto por uma manta, solicitava que lhe mostrassem pequenas mercadorias, as quais, à menor distração do vendedor, transferia aos seus companheiros, situados um perto dele e outro na porta da loja.

––––––––

A arte de roubar

Aí vai outra espécie de golpe que vi denunciado no *Messager*, de Paris, de 8 de março de 1836: "Um sujeito se apresenta nas casas em nome de celebridades conhecidas. Oferece ingressos para o concerto do fulano de tal e cobra. A pessoa vai ao concerto com os benditos ingressos, e o tal concerto não acontece, nem tais celebridades. O golpe e a decepção são completos. Convém, pois, noticiar ao público esse novo método. Deste modo, há poucos dias uns golpistas inventaram um concerto público de uma senhora que só os realiza em um salão, aos seus amigos".

———

Uma artimanha dos *meliantes* costuma ser, também, pedir esmola fazendo-se passar por militares exonerados, expulsos infelizes etc. Estes supostos pobres, seja nas ruas, seja nos quartos das casas, costumam virar ladrões se tiverem chance. Também verão os senhores, às vezes, mulheres falsamente grávidas que pedem esmola ou roubam, quando convém. Das astúcias dos mendigos de profissão não há o que falar; são tantas, e às vezes tão atrozes, que até as crianças as conhecem.

———

A propósito de roubos amparados por um disfarce, foi obrigação da consciência não arquitetar a artimanha do vagabundo Ambrosio Lamela, quando roubou o judeu de Chelva fingindo-se comissário da Inquisição. (Ver a *Historia de Gil Blas de Santillana*, livro VI, capítulo I.)

———

Os ladrões de alto gabarito também costumam usar às vezes disfarces de banqueiros ou comerciantes. Montam suntuosas casas, esplêndidos escritórios, transferem e retransferem dinheiro e pagam religiosamente por seis ou sete meses; mas no oitavo fazem *puf!* Por isso diz um amigo meu que *outra das artimanhas para roubar é declarar falência...* Fraudulenta, entende-se. E aqui vem a calhar perfeitamente lembrar o que disse um prudente autor contemporâneo, a saber: que *o comércio é uma loteria industrial que entre os pagãos tinha como patrono o deus dos ladrões* (Mercúrio).

———

Montar uma agência de emprego para empregadas domésticas, pedreiros etc., ou uma agência de matrimônios, ou outra encrenca dessas, costuma ser também com frequência uma artimanha para esvaziar o bolso do próximo.

———

Alguns golpistas empregam frequentemente a artimanha de vender roupas e objetos usados e, às vezes, novos, a um preço ínfimo. O valor real de tais objetos costuma ser nulo. Tudo o que arrecadam é roubado. *O barato sai caro.*

———

Os comerciantes foram mais de uma vez vítimas da substituição de talheres de prata verdadeira pelos de prata falsa. Esta artimanha tem a variante de colar os talheres com cera debaixo da mesa. O proprietário percebe que estão faltando, mas os meliantes se sujeitam à mais minuciosa revista, e nada encontram neles. Quando a poeira abaixa, eles tiram os talheres debaixo da mesa e saem, ou os atiram antes pela varanda a um comparsa que os espera, ou se dirigem logo aos comparsas a comer no mesmo lugar, e recolhem o saque.

O *roubo à cera* (é assim que se denomina essa artimanha) foi inventado em Paris há uns trinta anos por uma jovem que o praticava em conjunto com a sua mãe, a qual ia logo recolher os talheres. Essas duas mulheres atuaram pacificamente durante dois anos; mas no fim tiveram a sorte de todos os ladrões: foram presas, julgadas e condenadas. Nos depoimentos confessaram ter cometido 236 roubos desta espécie.

Nos jornais de Paris de 7 de janeiro de 1842 lê-se o seguinte: "Um cobrador da casa Delamarre foi ontem vítima de um desses roubos conhecidos, faz tempo, pelo nome de *roubo à americana*. Tudo aconteceu como de costume. O falso estrangeiro propôs ao jovem, que levava um saco com 1.200 francos, trocar seus napoleões por moedas de ouro. O cobrador novato aceitou o câmbio e, em vez de cartuchos de ouro, deram-lhe cartuchos de chumbo. Quê! Nunca os cobradores vão desconfiar desses estrangeiros, hipocritamente estúpidos, que submetem suas ambições à tentação, oferecendo-lhes vinte francos por cem soldos?"

Os cafeteiros e taberneiros apreciarão o valor da artimanha que surge do seguinte lance, cujo relato copiamos do *Moniteur Parisien* de 30 de novembro de 1838: "Dois sujeitos entram em um café na Rua Richelieu, 43, e pedem para que lhes sejam servidas duas tacinhas. Um deles paga no balcão com uma moeda de cinco francos, apanha o troco e vai embora. O outro, que ficou de costas para o balcão, espera que seu comparsa tenha se afastado um pouco e logo se dirige com toda seriedade à senhora que está no balcão, dizendo: 'Estou esperando que a senhora me dê os quatro francos e doze soldos'. 'Cavalheiro', responde a senhora, 'acabo de devolvê-los ao seu companheiro'. O sujeito nega descaradamente, levanta a voz e fala já em chamar a polícia... A senhora do café, segura de que devolveu ao homem os quatro francos e doze soldos, resolveu, talvez para evitar um escândalo, arcar com aquele prejuízo, quando por felicidade um concorrente que tinha notícia desse tipo de golpe, chamado *roubo ao troco*, manda chamar os guardas e faz prender o meliante".

Essa variedade de roubo se executa às vezes da seguinte forma: um sujeito entra em uma taberna, pede um copo de vinho, paga dando um napoleão, pega o troco e vai embora. Logo depois entra um comparsa seu, pede outro copo de vinho e, passado um instante, dirige-se ao taberneiro pedindo o troco de uma moeda de cinco francos, que ele não deu. O taberneiro resiste ao golpe, e os dois iniciam uma discussão, até que o comparsa prova que deu a tal moeda, dizendo, por exemplo, que é um napoleão, cunhado em 1806, e que tem uma cruz desenhada na cara. O homem abre o caixa do balcão e a tal moeda que ele indicou realmente está lá. Já se percebe o que ocorreu: o primeiro meliante que entrou havia pagado com ela. O cafeteiro ou taberneiro paga e é roubado.

———

No *Español*, jornal de Madri, de 30 de abril de 1836, lê-se o seguinte parágrafo:

A arte de roubar

"Há um sujeito em Madri que, segundo parece, se informa sobre o nome e a casa de algumas pessoas: inteirado de quem são seus amigos ou conhecidos mais íntimos, pega o nome que melhor lhe parece e pede dinheiro emprestado. Também costuma fazer assinaturas para viúvas de oficiais mortos em Navarra, firmando nomes verdadeiros, e fingindo-se encarregado de recolher a quantidade que produzam. Não sabemos se será o mesmo que se faz de amigo de todos os forasteiros que consegue, sobretudo os que têm cara de inocentes; convida-os para comer e, à sobremesa, ou o chamam, ou lhe ocorre qualquer necessidade que o obriga a deixar seu companheiro por um momento, ou seja, para não voltar e dar a seu convidado a satisfação de pagar a conta. Supõe-se que em seus convites não falte champanhe nem os melhores vinhos que há na carta do estabelecimento. Nosso homem é magnânimo e muitíssimo generoso. Deve, segundo notícias, mudar de roupa muito rápido e é provável que seja confundido com um vagabundo; cabe à polícia reconhecê-lo e descobrir seus maus modos."

Vamos ver outra artimanha infernal. Em 2 de julho de 1840 se incendiou a colheita de nada menos que cinquenta alqueires de uma plantação da fazenda de Tercia (Sevilha) de propriedade de d. Francisco de Paula Camargo; e propagando-se o fogo com uma rapidez e violência indizíveis, abraçou também um olival próximo, de mais de trinta aranzadas,[1] que

---

1 Unidade de medida regional, que na Espanha difere segundo o local. Em Castela, por exemplo, equivale a 4,472 m², em Córdoba, 3,672 m². (N.T.)

D. Dimas Camándula

também pertencia ao mesmo Camargo, com vários celeiros e restos de colheitas. A origem deste incêndio foi quando, três ou quatro dias antes, Camargo recebeu um bilhete anônimo determinando que ele depositasse dez mil rs.: Camargo não cumpriu a criminosa e bárbara ordem de deixar-se roubar, e a consequência atingiu muito rapidamente o infeliz.

Mas aos ladro-peticionários de dinheiro por este estilo nem sempre lhes saem bem as contas. Eis aqui, para comprovar, o que foi publicado no *Diário de Sevilha* de 15 de agosto de 1841:

"Por volta das 11 horas da manhã de anteontem, sexta-feira, apresentou-se à casa do prefeito d. Gabriel Diaz del Castillo o presbítero da santa igreja catedral desta cidade, d. Tomás Lopez, acompanhado do sr. Cônego Valcárcel, informando-lhe em primeira mão que havia recebido naquela mesma manhã uma carta anônima pelo correio, a qual dizia que ele colocasse, à meia-noite do mesmo dia, seiscentos rs. no canto da soleira da porta de sua casa; sob a pena de, se não o fizesse, ser assassinado imperdoavelmente, mesmo que fosse em sua própria cama. Em seguida, e sem perder tempo, o prefeito tomou as medidas que julgou mais prudentes e acertadas para a captura do autor do delito, que era d. Leon Rodelgo; conseguindo-se por suas deliberações, e pelo esmero e dedicação do agente de proteção e segurança d. Miguel Galves, a quem encarregou pessoalmente essa comissão, que fosse preso o criminoso no exato momento em que se abaixasse para recolher um cartucho cheio de tostões segovianos que foram colocados propositalmente no lugar indicado, como se fossem os seiscentos rs. mencionados."

A arte de roubar

As caixas de oferta ao Santíssimo e às almas penadas também são comumente alvo da cobiça dos *meliantes*. Com um palito ou espátula de madeira muito fina testam a fechadura da caixa de esmolas, e com a ponta, cheia de cera, ou algum outro material viscoso ou pegajoso, trazem a moeda até o orifício de entrada e logo a tiram de lá com pinças ou tesouras. Esta artimanha é a mais comum para este roubo profano, que se lê todos os dias nos jornais. Fiquem de olho, sacristães e coroinhas!

———

Chamaremos de *artimanha* o escorregar pela chaminé, ocupar a cozinha e depois invadir todos os quartos que sejam possíveis, levando-se tudo o que encontrar de pequeno tamanho, desaparecendo-se em seguida pelo mesmo orifício sujo de fumaça? Seja ou não esta uma verdadeira *artimanha*, aconselhamos que na construção das chaminés deem especial atenção ao calibre e à disposição de suas bocas ou aberturas superiores.

———

Hoje em dia até as crianças sabem a artimanha daqueles enganadores que extorquiram dinheiro do proprietário do estabelecimento, fazendo-o brincar de galinha cega. Nenhum sapateiro ignora tampouco a chatice do desgraçado que encomendou dois pares de botas a sapateiros diferentes e, tomando uma bota de cada par, deu o golpe nos dois artistas. Ninguém, enfim, consulta o seu vizinho para saber como ele fará para roubar aquele porco que está no terrível domínio das "prendas" ou *presentes*, porque ouviu em sua infância a narrativa do roubo do qual foi vítima o parvo que, por conselho de seu vizinho, colocou o porco na janela e, na manhã seguinte, percebeu que o tinham obviamente roubado... Todas essas artimanhas estão ultrapassadas, saíram da moda, e só as descrevo aqui para ficarem registradas.

———

Satânica demais é a seguinte artimanha de que dão conta os jornais franceses do mês de julho de 1836. "Os roubos (dizem) por meio do *vinho quente* continuam no Borbonesado, em Borgonha e arredores de Lyon. A tática usada pelos larápios é a seguinte: aproximam-se do viajante na rua ou em uma feira, propõem-lhe beber um gole para se refrescar e mais tarde lhe oferecem pagar o vinho quente, que eles mesmos prepararam com uma substância maléfica, na dose suficiente para que ela faça efeito no *momento oportuno*. O viajante volta para a rua e começa a se sentir embriagado, aturdido pelas vertigens e sem forças. Ao chegar a um local ermo, ou a qualquer outro lugar onde os bandidos se sintam seguros, tiram da vítima tudo o que ela tem, sem que ela possa se defender ou gritar." Alerta, portanto, às bebidas e aos refrescos oferecidos aos senhores por andarilhos!

Os ladrões que se valem desta artimanha se chamam na França *endormeurs* (soníferos).

———

"Vamos assinalar (dizem os jornais de Paris de 17 de dezembro de 1841) uma nova espécie de roubo, que tem vindo nos últimos dias rivalizar com o já famoso *roubo à americana*, ao qual se dedicam certos meliantes. Este se aplica na Rua Vivienne e pode ser denominado *roubo ao cachimbo*. Propositadamente, esbarra no senhor um fumante que, não por acaso, ao esbarrar, deixa cair seu cachimbo no chão: o cachimbo quebra. 'Amigo, perdoe-me', o senhor lhe diz. 'Não tem por quê', responde o larápio com ar constrangido; mas sinto muito porque não tenho uma moeda para comprar outro cachimbo nem tabaco, e fumar é para mim quase necessidade de primeira ordem. E como a vítima é escolhida sempre entre os transeuntes mais bem vestidos e que apresentam melhores modos, quase nunca deixam de indenizar o sujeito pela quebra do cachimbo com alguns soldos e, às vezes, também com um franco. Esta função se repetiu ontem várias vezes durante o dia. Aviso ao público."

"Vários habitantes de Fécamp (diz o *Moniteur Parisien* de 12 de março de 1838) acabam de ser vítimas de um golpe que chamaremos *roubo à loteria*. Um sujeito que se diz pintor e que vive há pouco tempo em Fécamp rifou uma cópia malfeita de palavras e reflexões de Napoleão, enfeitada com iluminuras arabescas douradas com a maior simplicidade que se possa imaginar. Por fim, com ou sem valor, o manuscrito encontrou interessados: emitiram cem números a meio franco; estava tudo certo, e os interessados esperavam o sorteio, quando no dia combinado o rifador, a rifa e o manuscrito, tudo desapareceu."

D. Dimas Camándula

É bom dar a conhecer, diz o *Journal de Rouen* (janeiro de 1838), o estratagema que os feirantes de nossos povos e aldeias utilizam às vezes, e que acaba de ser colocado em prática não faz muitos dias. Eis aqui em que consiste:

"Um homem cansado e ofegante chega a uma casa de campo e pergunta, dirigindo-se ao proprietário, o sr. Pedro B. 'O senhor viu passar uma carroça de mercador?' – 'Não.' – 'Sei que ele há de vir por estes lados, estou correndo em busca dele desde manhã cedo; ele vende produtos de primeira qualidade, procedentes de falências, quase por nada, e acredito ainda que contrabandeados... Tenho fé que, se eu conseguir me encontrar com ele, de acordo com o que vi na casa dos que já compraram, vou investir até o meu último tostão, porque ele praticamente dá as mercadorias.' O homem se apresenta em outras casas com a mesma farsa. Passada uma hora chega a carroça, e vinte famílias são vítimas da sua ignorância e crença. Isso acontecia de manhã. À tarde, o sr. Pedro B. se encontrava por acaso a uma légua de sua casa e viu se repetir a mesma manobra, com a diferença de que o provocador ou comparsa e o condutor da carroça tinham trocado o papel."

———

O que os senhores acham da artimanha daqueles meliantes que, muito bem vestidos e fingindo-se míopes, entram na casa de um prateiro ou joalheiro, pedem pérolas ou diamantes pequenos, e, amparados pela sua pouca visão, roubam com a língua todos os diamantezinhos ou perolazinhas que conseguem tirar, enquanto estão examinando a mercadoria? Esses mesmos meliantes vão à casa de um joalheiro, compram vários anéis, alfinetes e outras joias de pequeno porte e, por pouco que se distraia o joalheiro, deixam cair no chão um anel, por exemplo. Após alguns segundos se apresenta um pedinte (que é um comparsa) pedindo esmola: o meliante, muito caridoso, atira-lhe uma moeda, que cai no chão: com o pretexto de apanhar a moeda, o pedinte apanha também o anel ou alfinetes etc., e o joalheiro é lesado.

"Foi descoberta (diz o *Español* de 23 de abril de 1836) uma nova forma de roubar, que sem dúvida surpreenderá os nossos leitores pela sua habilidade e sutileza. Ia, umas noites atrás, um cavalheiro a caminho da sua casa quando se aproximou dele um homem que, dando-se por conhecido, deu-lhe um abraço com a maior ternura. Disse-lhe e assegurou que o conhecia, e lhe deu tantas indicações e tão fortes abraços que o convenceu ao mesmo tempo que o sufocou. Quando o cavalheiro chegou à sua casa percebeu que estava sem relógio e deu falta de uma bolsa de seda onde levava algumas moedas, coisas que seu repentino e terno amigo levou como testemunha da amizade que lhe professava. Nada há de estranhar no século XIX, no qual tudo progride."

Um sujeito com roupas de criado se apresenta em um café e pede vinte xícaras e outras tantas taças para seu patrão, que mora na mesma rua, mas do lado oposto. Feita a encomenda, se adianta e vai parar na porta da casa que descreveu como a do patrão. Quando vê se aproximar o garçom, vai ao seu encontro e, apanhando a bandeja com as xícaras e taças, diz-lhe: "o senhor vai buscar as garrafas do licor tal que me esqueci de pedir". O garçom cai no truque e ao seu regresso com as duas garrafas não encontra ninguém que possa ajudá-lo. Os proprietários de estabelecimentos às vezes sofrem calotes pelo mesmo método.

———

No *Español* de 23 de abril de 1836, lê-se o seguinte parágrafo:

"Uma casualidade nos permite contar a aventura ocorrida com um estrangeiro na última segunda-feira. Este bom homem se dirigiu à Rua de Carretas para adquirir um ingresso para a corrida de touros daquela tarde e, depois de ter pagado, meteu a carteira no bolso da casaca. Sem dúvida foi nesse momento que algum inspetor curioso, que não faltam nesses locais e em tais dias, aliviou-lhe o peso do dinheiro. Seguiu o descuidado estrangeiro seu caminho dirigindo-se ao bar e, depois de ter comido, coloca a mão em seu bolso para pagar; mas o homem fica imóvel ao encontrar, em vez da carteira, uma batata que o engenhoso ladrão tinha introduzido no lugar para que servisse de peso e não pudesse tão rapidamente dar pela falta do seu dinheiro. Essa artimanha e muitas outras estão acontecendo todos os dias; pedem que a polícia vigie esses locais, para onde tantos mal-intencionados se dirigem para aliviar os bolsos de relógios, lenços etc."

———

A arte de roubar

Os artifícios dos contrabandistas são inumeráveis. Entre os milhares de casos que nos contam, citaremos o que lemos nos jornais estrangeiros do mês de dezembro de 1841.

"Na terça-feira antes do Natal chegaram a Londres em um vapor, procedente da Escócia, treze gansos que vinham destinados como presente de Natal para várias pessoas. Eles foram examinados por um oficial da alfândega, que, percebendo que estavam extraordinariamente pesados, abriu um deles e encontrou em seu interior uma garrafa de uísque escocês (bebida forte), de uma qualidade tão superior que resolveu abrir os outros que estavam recheados com o mesmo conteúdo. Como consequência, o agente os confiscou. Um grande número de porquinhos também foi confiscado por se encontrarem eles cheios da mesma bebida; e no sábado foram apreendidos trinta perus holandeses recheados de gim. Esses gansos e perus da Escócia e da Holanda continham tanto uísque e gim não com o objetivo de sonegar imposto, mas sim com o intuito de ajudar a celebrar alegremente a festa de Natal."

Eis aqui outra maneira singular de fazer uma fraude:

"No sábado último (8 de agosto de 1835) chegou a Londres um navio procedente de Calais, levando entre a sua carga um caixote de brinquedos para crianças. Um dos funcionários da alfândega, querendo agradar seu filho, pediu um cavalo de madeira ao comerciante a quem a caixa estava endereçada. O comerciante se negou, dizendo ao empregado, com firmeza, que deixasse o brinquedo na caixa, e ele obedeceu. Quando ele se viu sozinho, tirou outra vez o cavalo, que por acaso estava quebrado, e viu no seu interior doze pares de luvas de seda, francesas, que tinham sido ali introduzidas com muita destreza antes de o cavalo ser pintado. Feito o registro correspondente, percebeu-se que cada um desses cavalos tinha no seu interior as mesmas mercadorias; cavalos, carneiros, cachorros etc., tudo estava cheio de luvas; somando todas, encontraram 178 dúzias de pares, com valor estimado em duzentas libras esterlinas; doze tamborezinhos tinham cada um outros doze pares de luvas. Esta remessa estava tão bem embalada, e os brinquedos tão bem-feitos, que sem o acaso referido a fraude não teria sido descoberta."

No *Moniteur Parisien* de 12 de março de 1838 lemos o seguinte:

"É impossível termos ideia das infinitas e sempre engenhosas artimanhas que os contrabandistas empregam para burlar a incessante vigilância dos agentes da alfândega. Citaremos algumas: comumente enviam, com pacotes, dois ou três companheiros, os quais se fingem surpreendidos pelos agentes e fogem na direção contrária, acabam por jogar fora os embrulhos e desaparecem. Enquanto a atenção dos aduaneiros se concentra toda naquela confusão, a um assobio providencial vinte ou trinta contrabandistas carregados de objetos proibidos cruzam a fronteira sem serem perturbados.

"Querem entrar com um cavalo na Espanha? Levam-no sem arreios com um simples cabresto, como se estivessem pastando. Chegando à fronteira, montam no cavalo e galopam em

A arte de roubar

grande velocidade, passando às vezes por cima de seus próprios tratadores, que em vão tentam detê-los.

"Mas a tarefa mais árdua, porém mais importante, para os contrabandistas, é introduzir dinheiro para os carlistas[2] (trata-se da última guerra civil). Para esses tipos de operações não empregam mais que os homens de absoluta confiança e obcecados por esse trabalho. As somas que lhe entregam são geralmente em ouro, porque fazem menos volume, e são armazenadas em sacolas de couro. À sua imaginação deixamos descobrir os meios que usam para penetrar na Espanha sem confusão nem prejuízos. Ora cruzam a linha que separa dois reinos fantasiados de mendigos; ora como lavradores do país de que estão voltando do trabalho, em mangas de camisa, e levando nas costas os utensílios que usam para arar a terra. Raras vezes acontece que os aduaneiros, apesar de sua dedicação, zelo e consumada experiência, pedem alguma quantidade de dinheiro para facilitar o ingresso: e é ainda mais raro que um contrabandista deixe de entregar com escrupulosa fidelidade à pessoa designada as somas às vezes vultosas que lhe são confiadas.

"Nunca acabaríamos de referir as trapaças caríssimas e sempre variadas que acontecem na alfândega: mas nem sempre são bem-sucedidas. Há pouco, avisados os aduaneiros de que se introduzia salitre na Espanha, para fabricar pólvora, todos

---

2 Relativo ao carlismo – doutrina política que se originou no século XIX, na Espanha. Seu nome deriva das pretensões do infante d. Carlos de Bourbon à sucessão de Fernando II no trono. D. Carlos defendia o retorno ao antigo regime e pretendia impedir a coroação de Isabel II, que era apoiada pelos liberais. (N.T.)

estavam alerta e muito agitados. Por fim, um deles percebeu no carril das rodas de uma carreta alguns grãos do tal sal e, seguindo o rastro, chegou a um carro de bois, abandonado por seu condutor quando percebeu que estava sendo perseguido. Esse carro à primeira vista não parecia estar carregado: mas quando o examinaram com atenção viram que o eixo, as hastes e outras várias partes do carro estavam ocos e continham grande quantidade de salitre. A prova do crime foi apreendida, mas o condutor desapareceu. Neste caso os contrabandistas foram vencidos: mas quanto salitre já haveria passado por meio de tal estratagema! É normal que agora os fraudadores pensem em novas formas para levar o salitre."

Quem é capaz de enumerar as artimanhas dos contrabandistas? Quem é capaz de descobrir as engenhosíssimas formas de contrabando que chamam de *infiltração* ou em pequenas quantidades? Se os Pireneus, se os Alpes, se as fronteiras dos vários estados da Europa, se as portas das capitais onde se pagam os impostos pudessem falar, precisaríamos nos benzer. Já encontraram pacotes de algodão em fio feito com massa artificial de carvão de pedra, em rodas de moinho, em resmas de papel corretamente dispostas, nas lanças e armações de carruagens e diligências, no pão de campanha, nos pães de manteiga... Encontraram-se colchões recheados de lã nas bordas, e de renda no centro... Encontraram-se bexigas cheias de vinho, misturadas na lama dos caixotes de sanguessugas... Encontraram-se peças de relógio, luvas de seda etc. debaixo da peruca de veneráveis anciãos, debaixo de uma bandagem... Encontraram-se

A arte de roubar

cães dogos[3] cobertos com a pele de cães d'água e atestados de peças de renda... Encontraram-se mulheres *prenhas* de artigos de comércio ilícito... (Ver, para maior confirmação, Capítulo IV, episódios IX, XII, XXI, XXVI, XXXV e LXIII.)

─────────

Quando em um palácio ou em uma casa grande se oferece algum banquete, os meliantes resolveram se disfarçar de criados e se meterem como tais na cozinha, na sala de jantar etc. Quando encontram uma oportunidade, levantam acampamento levando com eles os talheres, as conchas, ou as toalhas de mesa que conseguem.

─────────

Em princípios de janeiro de 1842, um homem bem aparentado e com bons modos se apresentou no ministério das colônias da Inglaterra, querendo falar com Lorde e Lady Stanley. Quando o informaram de que eles tinham ido para Windsor, o homem disse que os oficiais da alfândega lhe tinham encarregado de entregar a Lady Stanley uma caixa com um magnífico candelabro que uma corte estrangeira lhe oferecera, acrescentando que ainda tinha na alfândega 35 caixas de vinho que no

---

3 Nas fronteiras da Bélgica, os cães são empregados habitualmente para introduzir os objetos de contrabando mais perigosos. Dessa forma, não é raro encontrar quadrilhas ou brigadas de quinze, vinte, trinta e até sessenta cães contrabandistas, perfeitamente ensinados. No ano de 1835, introduziram-se na Bélgica, por meio dos cães, mais de quatro mil litros de aguardente em poucos meses.

D. Dimas Camándula

dia seguinte seriam enviadas. O desconhecido mostrou vários documentos da alfândega, entregou a caixa aos criados, e o mordomo lhe deu, mediante recibo, três libras esterlinas, cinco xelins e quatro peniqueses (sobre 330 reais) que justificou ser o pagamento pelos direitos de importação. Imediatamente enviaram a caixa à casa de Lorde Stanley. Quando voltou de Windsor, abriu com todo o cuidado a preciosa caixa, encontrando nela só uma porção de pedras encaixadas estrategicamente para não se mexerem. Fazendo queixa à polícia, ordenou-se a procura do ladrão, o qual foi encontrado e preso perto da alfândega.

———————

Um ladrão de colarinho branco, vestido com bata e tendo a cabeça descoberta, ou levando um elegante gorro *frígio*, apresenta-se de manhãzinha mostrando-se amável como se fosse um vizinho em uma joalheria: separa uma corrente de ouro, um alfinete ou um anel com algum valor e solicita que o joalheiro permita que um empregado seu vá com ele para informar o preço da joia, se assim desejar o suposto comprador. O comprador vive a seis ou sete casas dali e se faz acompanhar por um mancebo. Chegam à porta da casa; o meliante é muito atento e insiste para que o mancebo entre primeiro; enquanto entra, o meliante fecha a porta com força e deixa enjaulado o pobrezinho. É inútil acrescentar que o ladrão de colarinho branco desaparece subitamente com a joia. Essa artimanha tem muitas variantes: às vezes a vítima é um dos que fazem câmbio de moedas; às vezes a cena se representa em uma casa ou apartamento com porta falsa etc.

———————

A arte de roubar

Para roubar uma mercearia ou uma loja, valem-se às vezes os ladrões da artimanha de introduzir lá um malandrinho, que durante a noite abrirá a porta pelo lado de dentro. O malandrinho é introduzido na mercearia ao anoitecer, ou metido em uma caixa ou num cesto que um sujeito pede para que os proprietários tenham a bondade de guardá-lo na loja até a manhã seguinte etc.

———

Há também, sobretudo nas capitais estrangeiras, uma espécie de roubo, cujo autor e cuja vítima são igualmente desprezíveis. Jovens desleixados de um ou outro sexo se lançam nos lugares mais escuros e ermos, onde, favorecidos pela penumbra, vivem cenas das mais torpes e asquerosas. Os comparsas se fazem passar então por defensores da moral pública e surpreendem em flagrante aos dois indivíduos. Em nome da polícia, da qual se fingem agentes, prendem a vítima, a qual, temerosa de ver divulgada a sua ventura, não poupa as propinas: dá o dinheiro que leva consigo; dá o relógio, a corrente, o anel, a capa, o lenço... E os meliantes a deixam então em liberdade.

Este roubo se chama *vol à la tante* (roubo à tia), porque, terminado o lance, os larápios vão beber juntos à saúde *da tia*, à qual *fizeram cantar*, quer dizer, do vergonhoso personagem a quem depenaram.

———

Contaremos a *artimanha* dos que se fingem adivinhos ou feiticeiros e jogam as cartas e tiram dinheiro, joias, roupa branca, galinhas etc. à crédula mulher e ao otário adulto? Sim, senhores; convém dar mérito a ele, porque diariamente se re-

D. Dimas Camándula

petem casos escandalosos, não só na Espanha, como também na França e demais nações que com superioridade se fazem chamar de *cultas*. (Ver Capítulo IV, episódio XLI.)

———

Alguma vez os senhores estarão sem o farol ou a lamparina que de noite se acendem nas entradas e escadinhas das casas; outras vezes amanhecerá o dia, e encontrar-se-ão os senhores sem o letreiro ou a vitrine da loja, sem a cortina da varanda, que os senhores deixaram na noite anterior; outras vezes desaparece a roupa que estava estendida no terraço; outras vezes desaparecerão o corrimão da escada, a maçaneta, os vasos da janela... Em tais casos, ou os senhores pagam por um descuido, ou os senhores são vítimas de alguma maquiavélica artimanha.

———

Descrever as artimanhas dos que vendem exige empenho sobre-humano. Mas felizmente tudo neste mundo tem a sua compensação. A peixeira rouba aos senhores três onças de peso em um fardo; mas a peixeira está sendo cuidadosamente observada por um ladrãozinho, que em um instante roubar-lhe-á um pedaço de peixe. As balanças de pratos desequilibrados; o acrescentar de uma tábua móvel, que rapidamente se tira e se coloca no ato de pesar;[4] o pequeno tamanho dos

———

4 Sobre um açougueiro me contaram que, assim, como que por descuido, tem sempre usado um pedaço de gordura na parte inferior do pratinho da balança em que põe a carne para pesar. Alerta, domésticas e criadas!

A arte de roubar

pesos e medidas; o trocar as mercadorias, depois de pesadas, no ato de embrulhá-las, devolver menos troco, misturar moedas falsas... são artimanhas bastante frequentes de muitos vendedores.

———

O que os senhores acham da artimanha daquele avarento que tinha o manhoso e sorrateiro costume de entrar todas as manhãs na cozinha de cada um dos seus inquilinos, e ali, fingindo que estava se aquecendo, assim que o cozinheiro virava as costas, com uma seringa que levava debaixo da capa extraía com destreza uma porção de sopa, e rapidamente ia para casa para preparar uma sopa econômica?

Infinitas são também as artimanhas postas em prática para extorquir o dinheiro de alguém em um ruinoso entretenimento que chamam de *jogo*. Os dados adulterados, as cartas marcadas, as *armadilhas* de toda espécie e as mais finas prestidigitações são muito frequentes nas salas da alta classe, como nos inferninhos que a polícia persegue. Em todos os lugares pululam espertalhões *gregos*. Esta matéria exigiria por si só um tomo volumoso.

———

A falsificação de assinaturas, a contrafação das letras, a falsificação de papel moeda e de crédito, a falsificação de papel timbrado, a falsificação dos testamentos e contratos, a falsificação dos passaportes, a falsificação da própria moeda!!! O pão, o vinho sobretudo, os alimentos, o carvão, tudo, tudo é sagaz e diabolicamente falsificado, adulterado e corrompido com o objetivo de ganhar dinheiro. Os senhores já não viram entradas de teatro e ingressos de baile ou de concerto falsificados? Pois já não é nada de se estranhar.

———

Não entraremos no labirinto das artimanhas com que as criadas roubam aos seus patrões, assim como das senhoras tiram o dinheiro dos seus esposos. Ditas artimanhas são infinitas: sua mera indicação conduzir-nos-ia muito mais além do que permitem os limites que nos temos imposto.

———

Tampouco faremos mais que mencionar os ardis dos *gentis-homens com gazuas*. Os homens inventaram as portas e fechaduras; mas os ladrões descobriram as chaves falsas, as gazuas, as serras, as limas, o fogo, as pontas de diamante... Tudo isso e muitos outros artifícios lhe servem para vencer os obstáculos que o proprietário interpõe para resguardar a sua propriedade.

———

No *Moniteur Parisien* de 30 de novembro de 1838, lê-se o seguinte aviso:

"Na entrada do inverno achamos importante chamar a atenção de nossos leitores para uma espécie de roubo praticado em anos anteriores, e que ao que parece está se renovando este ano.

"Uns indivíduos espiam o momento em que o patrão se ausenta da casa e instantes depois se apresentam com umas cestas ou sacos de carvão fóssil ou de carvão de pedra, dizendo que o patrão o comprou ao passar pela rua, ou em uma loja etc. Logo dizem o preço, que aparentemente é sempre muito módico, que a senhora da casa ou o criado pagam confiantes. Quando o marido regressa, ele explica que não fez tal compra e logo toma conhecimento de que a aparente bagatela não é nada mais que uma decepção. Pela mercadoria foi pago o dobro do que valia. Sobre o mesmo pretexto de oferecer carvão, lenha, tecidos etc., outros indivíduos entram igualmente nas casas, sobretudo no amanhecer ou no fim do dia e, quando se vão, quase sempre se nota a falta de algum objeto ou móvel."

———————

Em Paris se conhece um roubo particular chamado *roubo ao bom dia*. Nos bares e albergues (*hôtels garnis*) é frequente que o hóspede deixe a porta do quarto simplesmente encostada ou com a chave do lado de fora, para não ter de se levantar de manhã quando a camareira ou o criado que escova a roupa batem à porta. Os larápios se aproveitam desse mal calculado costume para seus fins. Os *bonjouriers* ou *cambrioleurs* estão prontos ao amanhecer: sobem as escadas das casas e pousadas até que encontram um apartamento ou quarto cujo imprudente inquilino tenha deixado a porta encostada ou com a chave na fechadura. O ladrão entra com todo desembaraço, cumprimenta-os pelo nome de fulano de tal, diz bom dia, e, enquanto o hóspede olha para ele, sonolento e recém-acordado, surpreso de ver uma pessoa desconhecida dentro de seu quarto, o meliante pede mil desculpas, dá um passo atrás e se retira, demonstrando muita cautela até que se interponha uma volta completa de chave entre a vítima e o impostor que a roubou.

Em Paris se cometem todos os dias muitos roubos ao *bonjour*. Os *bonjouriers*, para não ter erro, tiram os dados do guia *Almanaque del comercio* [Almanaque do comércio]: assim em todos os casos poderão citar um nome conhecido; dessa forma quando seja possível não penetram na casa que querem roubar até que o porteiro esteja ausente ou ocupado. "Às vezes", diz o sr. Vidocq,[5] "trabalham com uma astúcia verdadeiramente admirável". Permitam-me que sobre esta questão particular refira um caso ocorrido há já alguns anos. Certo *bonjourier* havia entrado em um quarto depois de ter batido várias vezes; e, contrariamente aos seus cálculos, o hóspede estava presente, mas à janela, e olhando parece que com muita atenção um regimento que desfilava na rua com bandeiras desfraldadas e uma banda de música. Provavelmente acabara de se barbear, porque junto ao espelho, não longe da mesma janela, havia um prato ou bacia de barbear, de prata, com água. Os obstáculos não desanimam os *bonjouriers*; ele avança, pega a bacia, verte a água e sai. O invasor não vivia longe, e é de se presumir que a bacia de prata estava já vendida quando o seu proprietário viu que lhe haviam roubado. O autor deste roubo, que posteriormente se fez ilustre em outra empreitada, soltará sem dúvida uma gargalhada se este livro cair em suas mãos.

----

5 Eugène François Vidocq, ex-chefe da polícia civil. Em sua obra intitulada *Les Voleurs, physiologie de leurs maurs et de leur langage: ouvrage qui dévoile les ruses de tous les fripons, et destine a devenir le vade-mecum de tous les honnetes gens*. Dois volumes em 8°; Paris, 1837.

A arte de roubar

Há várias pessoas que contraíram o hábito de não pagar jamais os aluguéis e que tratam por bárbaro e aristocrata o proprietário quando são cobradas. Se o sacristão tem de comer o que canta, o proprietário tem de viver sem dúvida daquilo que rendem seus imóveis. Mas nem todos os inquilinos assumem essa realidade e apelam a mil boas razões, a mil artimanhas prorrogativas e a outros tantos estratagemas para não pagar o senhorio da casa. Os que têm a satisfação de possuir imóveis sabem mais do que eu exatamente as artimanhas dos inquilinos retardatários ou golpistas. Portanto, limitar-me-ei a fazer-lhes lembrar da grande exposição a que se submetem ao pretender cobrar conversando com eles, se não são muito próximos das pessoas a quem alugam as casas, se não as visitam periodicamente e se inteiram do estado *financeiro* (veja só!) dos seus inquilinos, se tiram mobílias ou as trocam etc. Para isso, não há nada como a instituição dos *porteiros*, espécie de agentes de proteção e seguranças particulares (e às vezes públicos), cujos serviços valem com frequência infinitamente mais do que custam.

———

Os ciganos são ladrões? Quem duvida disso? Veja, em primeiro lugar, o que temos dito na INTRODUÇÃO; e, em segundo lugar, não há que gastar nosso tempo com as profissões que exercem ostensivamente esses homens de fisionomia oriental, que na França são chamados de *bohémiens*, na Alemanha, de *die egyptens*, na Inglaterra, de *gypsies*, na Espanha, de *jitanos*; e que, originários do baixo Egito, formam, como os judeus, um povo errante por toda a superfície do globo, povo que conservou sua

D. Dimas Camándula

tipologia, mas que diariamente decresce e provavelmente chegará a ser extinto em todas as partes. Todos são traficantes de cavalos e cães, cambalacheiros ou charlatões; adivinham a sorte, jogam as cartas, fazem-se de curandeiros etc. Tudo isso, em resumo, sutilmente organizado, já é roubar; mas, além disso, roubam diretamente sempre que se apresenta uma oportunidade. Os senhores se protejam, pois, em todos os aspectos, dos ciganos e das suas fêmeas, as ciganas.

―――――

Têm lido os senhores nas fábulas a artimanha do Caco, famoso bandoleiro do monte Aventino, que, a fim de que Hércules, que vinha seguindo as suas pegadas, não pudesse encontrar os bois que lhe havia roubado, foi puxando os bois pela cauda e fazendo-os entrar de costas na toca? Pois Caco era um garotinho em matéria de artimanhas para roubar: atualmente o ato de roubar é uma arte com todo o seu esplendor, e os *artistas* distinguidos abundam onde quer que seja.

―――――

Paremos um pouco. Basta de ardis e mutretas. Prescindimos dos estratagemas mais comuns, e que estão ao alcance de todo mundo; indicamos alguns menos sabidos; e, nos episódios que compõem o capítulo que intitulamos "Floresta de larápios", os leitores encontrarão o complemento do mais essencial que há para saber em matéria de artimanhas para roubar.

―――――

A arte de roubar

Parece-me que no capítulo das *artimanhas*, em forma de apêndice, será oportuno o seguinte artigo, retirado do número 8º do *Pobrecito Hablador* [Pobrezinho Falador], revista satírica de costumes etc., que o bacharel d. Juan Perez de Munguia (pseudônimo do célebre e mal-empregado d. Mariano José de Larra) publicava em Madri em 1832. Ei-lo:

Roubos decentes

Foram-nos comunicadas as seguintes cartas

1ª

Senhor Munguia: sou aficionado pela leitura e, além disso, gosto de comprar livros, coisa bastante rara neste país, que o senhor com a sua habitual maldade costuma chamar Batuecas.[6] Tinha, pois, uma pequena biblioteca que me divertia em meu pouco tempo disponível, e na qual me olhava como em um espelho; mas a questão é que tenho por desgraça mais amigos do que tinha livros. Como se nega um livro a um amigo? Em uma palavra, eu emprestei meus livros com a maior boa vontade do mundo, mas, para dizer a verdade, com pouco cuidado. Meus amigos, que não devem ter muita memória, e sem muito carinho por todas as minhas coisas, não me devolveram meus livros. Restaram-me umas obras despedaçadas, outras desaparecem inteiras, e se alguém me restitui após longas súplicas e grandes demoras, trazem-me livros cheios de óleo, folhas

---

6 O termo *batueca* designa pejorativamente os habitantes da região de Salamanca. (N.E.)

dobradas, com as capas riscadas, vários rabiscos, garranchos e desenhos da criança da casa que está aprendendo a escrever. Livros da minha alma e amigos de todos os diabos! Disseram-me que nas Batuecas não sou eu o único que passa por isso, porque não é costume comprar livro enquanto há amigos que os tenham, mas é costume não terem escrúpulos e ficarem com os livros emprestados. Isso está certo, senhor Bacharel? Porque me escandalizo só em pensá-lo. De onde pode nascer essa falta geral de delicadeza?

Saiba o senhor entregar estas linhas ao público para ver se os meus amigos as leem, ainda que se seja emprestado, como costumam. Achando-me honrado volto a guardar em caixões os meus tomos, colocando-os nos seus nichos, dos quais eu lhes asseguro que não voltarão a sair.

Do senhor Dom Juan, atento servidor. *Mateo Pierdes*

As pessoas que não adotaram ainda o sistema de devolver os livros que lhes emprestam darão a essa carta uma resposta mais satisfatória do que nós poderíamos dar.

$$2^{\underline{a}}$$

Senhor Falador, sou o dono de um café dos mais renomados desta corte, e cheio dos meus melhores desejos quis imitar a muitos dos meus confrades, procurando ter sempre à disposição dos meus fregueses os muitos e bons jornais que circulam nesta ilustre capital. O senhor acredita, senhor Falador, que não houve um só mês em que pudesse reunir no dia 30 todos os exemplares? Pois não pense o senhor que eu os tenho jogados por essas mesas à mercê de qualquer um: não senhor; tenho-os atados como se fossem loucos, presos a uma tábua com seu

A arte de roubar

correspondente cadeado: pois assim os arrancam e não direi que me os roubam; nada disso, mas sim os levam, e nunca mais voltam a trazê-los. É possível que sejam os jornais tão bons, ou os homens tão maus?

Saiba o senhor acrescentar esta mera perguntinha a este folheto, ou livreto, ou jornal, ou seja lá o que for, se é que se sabe o que é. *Frasco Botiller.*[7]

3ª

Senhor Bacharel: gosto muito de ir ao teatro, e é muito raro, por conseguinte, o dia em que às dez da manhã não tenho já meu bilhete com lugar marcado no bolso. O senhor acredita que eu não encontro o meu assento desocupado um só dia? Todas as noites tenho que desalojar o inimigo. Como sou um pouco malicioso, comecei a observar e descobri que há um bando de espertos que entram no teatro sem pagar ingresso, sentam-se em um assento com a esperança de que aquele ou o que está ao lado, ou algum, enfim, não tenha dono: assim vão assistindo à peça, saem pouco antes de recolherem os ingressos, e voltam a entrar pouco depois de terem sido recolhidos. E se

---

7 No caso deste bom cafeteiro encontrar-se-á sem dúvidas, e certamente, o dono do gabinete de leitura de Valencia del Cid. Digo isso por ter-me deparado há muito pouco (setembro de 1844) com um aviso afixado no salão do referido gabinete e que dizia o seguinte: "Tendo-se observado que continuamente estão faltando jornais neste gabinete, deixando as coleções incompletas, suplica-se que os senhores leitores tenham a bondade de manifestar ao diretor deste estabelecimento, caso tenham observado, quem é o ladrão, para tirá-lo deste gabinete com o escândalo que merece seu excesso: tendo claro que o informante será mantido em segredo."

D. Dimas Camándula

o senhor visse que bem postos e galantes! De onde poderá vir essa espécie de fraqueza? Estou aturdido de ver as economias que algumas pessoas adotam no seu modo de viver! O senhor tenha a bondade de falar algo sobre isso para ver se o senhor poderá me poupar o trabalho de envergonhar todas as noites um homem *honrado* e verificar o número e outras impertinências dessa espécie. Seu afetuosíssimo amigo. *Simon Sinsitio.*

Esses bons espertos pensam que as coisas são corrigidas aqui apenas falando delas, e de nenhuma outra maneira. País incorrigível! A maioria não lê. A minoria se contenta em exclamar: é verdade! Tem razão! Boa, Bacharel! Não deixa ninguém em paz. Mas mudar? *Que mudem os outros, que eu sou apenas um.* Todos querem ser esta exceção. Embora haja impunidade!

Capítulo II
Precauções para não ser roubado

Vista a universalidade do furto, e vistas as artimanhas incontáveis empregadas para nos despojar de nossa propriedade, o leitor bem deduzirá que devem também ser muitas as formas de precaução que precisamos tomar para sairmos o menos lesados possível.

As leis e os tribunais não cuidam mais do que do delito do roubo e dos ladrões; mas ninguém se ocupa em proteger o roubado: não há código nem lei que nos oriente sobre como evitar ser vítima de um mentiroso, de um trambiqueiro, de um ladrãozinho doméstico; e ninguém, sobretudo, devolve ao lesado o que ele perdeu. Daí a importância deste manual, e a necessidade do capítulo que vamos começar. Nele o leitor en contrará a verdadeira higiene, as formas sensatas de se prevenir do roubo, e se observar fielmente os preceitos gerais que vamos assinalar, é muito provável que não lhe acontecerá nenhum desses fracassos que arruínam às vezes as famílias e destroem as economias de muitos anos.

Os senhores podem ser roubados em casa, fora de casa, de dia, de noite, estando sozinhos, acompanhados, na rua, em um lugar ermo, ou viajando, em todas as partes, de todos os modos e a todas as horas. Consequentemente, a primeira de todas as precauções é estar muito atento e lembrar a todo instante de que TODOS SOMOS LADRÕES, que a *ocasião faz o ladrão*, como diz o provérbio, e que, por isso mesmo, no momento em que nós menos esperamos, salta a lebre.

———

Sempre que os senhores forem a um café, ou a um lugar público muito concorrido, devem se assegurar de onde deixarão o chapéu, a capa ou a bengala. Por mais calor que faça, nunca se afastem do paletó ou da moedeira.

———

Em todo lugar lotado cuidem dos lenços, relógios (se os usam), cigarreiras (se fumam), caixa de rapé, ou cigarreira e caixa (se são viciados *in utroque*). O lenço não está a salvo completamente senão dentro do chapéu: as correntes não garantem solidamente o relógio, mas sim é preciso retorcê-las duas vezes sobre si mesma no bolsinho secreto ou no bolso das calças, onde geralmente ele é levado; e se o leva em um bolso do colete, é indispensável abotoar o colete ou a casaca até o último botão. Sem essas medidas de precaução não garanto que, ao se livrar de uns empurrões, os senhores não se encontrem sem carteira, sem cigarreira etc. Regra geral: desconfiem rigorosamente de todas as pessoas que nas igrejas, nos teatros, nos bailes etc. entram precisamente quando todas as demais saem em massa.

———

A arte de roubar

O dinheiro não deve ser levado nos bolsos soltos de seda, de granito, nem de aço, mas sim em um bolso profundo do colete ou, ainda melhor, do paletó. Os bolsos e outras porcarias não são mais que vaidade, e uma verdadeira provocação ao roubo.

Não emprestem bengalas, guarda-chuvas, nem livros: são coisas que não se devolvem, e quem ficou com eles, por uma rara anomalia, não é chamado de ladrão: *esquecidinho* é o máximo que se pode dizer em linguagem corrente daquele que não devolve uma bengala, um guarda-chuva, ou um livro emprestado.

Se os senhores encontrarem alguma coisa na rua junto com um algum desconhecido, nunca queiram dividir o que encontraram, muito menos se tiverem de desembolsar alguma quantia.

Quando, em viagem, os senhores tiverem de dormir em um albergue, em um quarto de duas ou mais camas, devem grudar o seu dinheiro atado ao corpo com um lenço, se é que não vão armados da sua *cobra* (ver Capítulo VI), que é o melhor. Nunca cometam a sandice de colocar o dinheiro debaixo do travesseiro ou do colchão.

Nunca troquem moedas velhas ou estrangeiras sem se certificar antes do seu valor real e efetivo.

———

Nunca se envergonhem os senhores de conferir o troco quando tiverem feito alguma despesa ou alguma compra. Todos estamos sujeitos a erros, e muito mais em se tratando de dinheiro.

———

Sempre que receberem alguma moeda, os senhores se assegurem cuidadosamente se é boa e de lei.

———

Nunca falem os senhores dos seus negócios, nem de suas economias com desconhecidos, nem com os meros companheiros de viagem.

———

Os senhores tomem cuidado com as pessoas que se acercam como que por acaso, fazem-se de amáveis e comunicativas, e que desde logo oferecem os seus bons serviços. Essa precaução é particularmente necessária quando estiverem fora da sua cidade ou do seu país.

———

A arte de roubar

Ao descerem de uma diligência, os senhores nunca percam de vista seu baú, seu saco de dormir e a caixa do seu chapéu. Todos esses objetos de viagem devem ter uma etiqueta com o nome e sobrenome do seu dono. E, por Deus, não se descuidem dessa precaução!

———

Se de noite, em um lugar escuro, os senhores ouvem algazarra, ou gemidos de mulher, ou barulho de discussões etc., acelerem a caminhada. É muito possível que aquilo seja um aviso. Se os senhores encontrarem algum bêbado, ou alguém que parece estar, cuidado ao dizer-lhe alguma palavra; o que interessa nesses casos é fechar o punho, levantar a bengala, ou armar-se com uma boa lágrima de São Pedro (uma pedra), caso aconteça algo.

———

Para que os senhores se convençam de quão importante é estarem precavidos quando recebem moedas ou fazem alguma cobrança, leiam os seguintes pequenos parágrafos copiados de um jornal de Madri (abril de 1844).

"Temos aqui um novo artigo que aumenta ainda mais a história de todas as falsificações de que tanto se escandaliza o público:

"Molhando as moedas de prata e ouro em um determinado ácido, retira-se delas uma pequena quantidade que passa despercebida. Este trabalho adquire grande importância quando feito em grandes quantidades, como podem fazê-lo os banqueiros e os que fazem câmbio de moedas: e de tal forma tem proliferado que já há muitas peças de cinco francos, as quais perderam uma 40ª parte do seu peso;[8] e peças de ouro que só pesam 39/40 do seu peso legal: ou seja, há uma peça de ouro de 40 francos da qual foi tirado o valor de 1 franco."[9]

Nunca comprem mobílias ou objetos de oferta, menos ainda de vendedores ambulantes. Pensando bem, vale a pena deixar-se roubar nas lojas e mercearias fixas; porque ao fim e ao cabo estas precisam atrair fregueses, ou o que chamam, segundo o uso moderno, de *freguesia*.

Mas *nota benè*: não comprem nada em casa de lojistas amigos, porque os senhores perdem o direito de regatear e até o direito de se queixar se (o que é muito provável) forem mal servidos.

Os lojistas devem vigiar sutil e atentamente todos os desconhecidos (as) que entrarem em sua loja e pedirem para ver mercadorias. Não importa que o comprador esteja bem

---

8 Só faltava isso para consolo dos espanhóis, que já pagamos os napoleões em (mais do que valeram) dezenove rs. de velo (*Isso é o que penso*).

9 O *vellón* — "velo" — citado pelo autor é uma moeda espanhola do século XIX. Peça de ouro, prata, cobre ou outro metal, produzida em forma de disco. (N.T.)

vestido nem que se apresente em uma carruagem, ou seguido de criados, porque os ladrões sabem e utilizam todos os meios necessários para executar o seu plano.

―――――

Se tem uma loja ou mercearia, certifique-se bem depois de fechada: não a deixem sem um vigia, e se este tiver armas, melhor. *Quem tem uma loja, olho vivo!*

―――――

Quando um vizinho pede para lhe trazer mercadorias de sua loja, ou uma mobília qualquer, nunca entregue ao mensageiro, se ele for desconhecido. Mande que um empregado seu entregue.

―――――

Sempre que um comprador desconhecido oferece pagar em sua própria casa e um empregado seu leva a mercadoria, instrua-o para que de forma nenhuma ele entregue a mercadoria antes de receber o montante.

―――――

Sempre que um mendigo entra numa loja e se inclina para apanhar alguma coisa, olhar atento, sobretudo se está vendendo a algum desconhecido, ou este acaba da sair da loja.

―――――

Os prateiros e joalheiros nunca devem apresentar ao comprador mais do que uma joia ao mesmo tempo: cada vendedor deve ter um número fixo de objetos. Para experimentar os anéis, deve-se ter uns anéis de latão ao lado que sirvam para medir o dedo.

———

Sempre que os senhores oferecerem um grande banquete, coquetel ou baile (falo com aqueles leitores que sejam grandes contribuintes) e necessitem contratar criados ou utilizar os de algum amigo para o evento, mande-os colocar uma medalha, uma fita ou uma identificação especial, a fim de evitar que algum ladrão entre fantasiado de cozinheiro ou de servente.

———

Nunca, em nenhuma circunstância, deixem a chave da porta do lado de fora.

———

Desconfiem, por regra geral, de todos os mendigos e aproveitadores que sobem aos andares dos prédios.

———

Outra precaução geral: se os senhores forem homens de talento, desconfiem dos tolos e caipiras; em primeiro lugar, porque debaixo de uma capa velha pode haver um bom bebedor, isto é, nem todos os que se fazem de tolos o são; e, em segundo lugar, porque, como diz discretamente sr. Vidocq, o homem de talento é apanhado com mais facilidade que outro, pois considera sua superioridade intelectual e não sabe imaginar que um homem que apenas olhe para ele pode ter duvidosas intenções ou ter meios de lhe dar o calote.

Se um desconhecido se apresenta perguntando pelo senhor, quando está fora de casa, e pede para deixar um recado escrito, o criado ou a criada devem ser muito precavidos quando entram para buscar o tinteiro e o papel. Os criados, por outro lado, nunca devem consentir que o bilhete seja escrito no escritório do patrão.

Se os senhores são proprietários e têm algum quarto para alugar, nunca entreguem a chave a um desconhecido para que ele suba para conhecê-lo. Sempre faça que um criado ou uma pessoa de confiança o acompanhe. Do contrário, não estranhem se mais tarde ficarem sem a torneira da pia, sem os ferros do forninho, sem vidros nas janelas, sem chaves nem fechaduras nas portas interiores etc.

As lavadeiras rurais, quando vão para a cidade, nunca deixam as carroças serem guardadas por moleques; ou, pelo menos, deixam ordens expressas de que absolutamente não entreguem pacote algum a ninguém.

———————

Nunca joguem somas muito grandes, muito menos com pessoas desconhecidas e pior ainda em jogos de azar ou de cartas.

———————

Não comprem bilhete ou número das rifas que costumam ser vendidos nos cafés, nas praças ou nas casas particulares, de pratos de doces, frios, quadros, relógios, lenços etc. Os senhores sempre perderão a aposta por causas naturais.

———————

Quanto às loterias públicas ou oficiais, só direi aos senhores que a loteria (seja *real* ou *nacional*) é sempre um jogo de azar e um jogo de banca; e sabido é o provérbio: *de janeiro a janeiro, o dinheiro é do banqueiro*. Se os senhores não querem ter problemas de dinheiro, deixem então as rifas e os bilhetes, ambos, e as superstições. No atual estado das coisas, *as caixas de poupança devem ser a verdadeira loteria* de todo homem honrado e discreto: nas caixas de poupança, os senhores sempre ganharão prêmio. Desenganem-se os iludidos: os únicos, sólidos, verdadeiros e legítimos meios de fazer fortuna são o trabalho e a moralidade.

———————

A arte de roubar

Nunca emprestem dinheiro em diamantes ou outras pedras preciosas, nem em prata em barra etc. Deixem este negócio para os bancos, montepios ou prateiros; isso será muito mais vantajoso para os senhores.

Se os senhores desejam dar esmolas a alguém que tenha sido detido por motivo político, a um doente, a um aposentado paralítico etc., mande-a por um criado e nunca confiem em encarregados ou mensageiros desconhecidos.

Os lojistas, os lavradores, os pensionistas, os caminhantes e também os que estão parados devem desconfiar de todo indivíduo solto, de todo encontro fortuito e, em particular, de todos os que têm um sotaque estrangeiro.

Sempre que os senhores comprarem alguma coisa por peso, assegurem-se da fidelidade dos pesos e não percam de vista as mãos do pesador.

Não andem os senhores em lugares perigosos nem se aventurem a desbravar à noite locais desertos ou ruas escuras para satisfazer instintos vergonhosos. É muito possível que em tais casos os senhores selem a burra às avessas.

Se os senhores são numismatas ou antiquários, vão com muito tato às compras de objetos artísticos. Se os senhores não são bons conhecedores e inteligentes no ramo, saibam que há *meliantes* que fabricam medalhas falsas, quadros de grandes mestres da pintura, autógrafos de personagens célebres, que contrafazem pergaminhos, bulas, manuscritos, cálculos renais, enormes cálculos da bexiga...

Regra geral: desconfiem de todas as *vendas* anunciadas nos jornais. O *bom tecido na arca se vende*, diz o refrão. Quanto mais pomposo for o prospecto, quanto mais vantagens o anúncio oferecer, mais os senhores devem desconfiar.

(Desta regra está excetuado o anúncio paradoxal e estridente do meu A ARTE DE ROUBAR que os senhores lerão nos jornais e nas *esquinas*).

A propósito de anúncios retumbantes. Em Orleans (França), a princípios de 1843, apareceram certos ladrões de colarinho branco que vendiam muito caro e com nomes destacadamente poéticos, sementes e plantas fabulosas, que, na realidade, não eram mais que desperdícios de jardinagem. Mas que aficionado por flores não se enterneceria ao ler um catálogo que, entre outras plantas, continha as seguintes?

"O *junco imperial*, que cresce até cinco pés de altura e com uma pirâmide de flores em cima, com a largura de um pé, verde, com ribete violeta e azul.

"A *vara de Adão*, que leva quarenta flores de várias cores e floresce três vezes ao ano.

"A *grande moscovita*, com duzentas flores de várias cores em um mesmo talo, cheiro de laranja.

"A *bela vista* apresenta um ramalhete já composto, de seis cores, que floresce cada mês.

"O *grande Amarilis das Índias*, semeado em pós de ouro.

"A *incomparável rainha das flores*, que leva 150 flores de várias cores misturadas; está em flor durante nove meses seguidos, cheira a noz-moscada.

"O *embaixador de todas as potências*, que sobe a três pés de altura, e floresce em escala: cada flor é de cor diferente; cheiro de essência de rosa.

"O *grande Alberto do Japão*; está em flor três meses; de cor azul, carmim e violeta.

"A *dália azul da Prússia*, a *dália azul celeste* etc."

A polícia de Orleans fez uma visita aos supostos vendedores de plantas raras e encontrou um sem-número de artigos botânicos com rótulos fraudulentos. Alerta, portanto, senhores e senhoras apaixonados pelas flores! Cuidado com os anúncios! Estejam muito atentos, e não a comprar urtigas por vara de José!!!

Aviso aos pais e mães. Se os filhos ou filhas dos senhores levam algum pingente ou objeto de valor etc., nunca os deixem ir sozinhos. Há ciganas e outras mulheres que, com algum brinquedo, algum doce ou falsas promessas, distraem os pequenos que estão sozinhos, os conduzem a uma rua sem saída ou local afastado e logo os depenam. Não faz muito tempo que em Madri aconteceram várias situações do tipo. O autor deste livro, quando tinha sete anos, foi roubado por uma mulher que se valeu de uma artimanha, uma cesta cheia de linguiças, grão-de-bico e outras minúcias que levava de presente à casa de um tio seu que vivia perto da sua casa. Tomem cuidado!

———————

Os senhores tratem de se precaver dos *ventríloquos*, particularmente se não os conhecem bem; pois, agindo de boa-fé, os senhores se expõem a brincadeiras pesadíssimas.

———————

Tenham cuidado ao assistirem a algum leilão. Costuma haver em alguns atos, sejam estes públicos ou intervindos oficialmente, uma coalizão de negociantes que não deixam o profano falar mais alto. Não posso assegurar aos senhores que serão materialmente roubados, mas que correm muito risco de pagar o dobro pelas coisas que comprarem. Isso é o mínimo, e prescindindo de outros transtornos.

———————

Se tiverem os senhores algum parente na América, Alemanha, França etc., e se um sujeito se apresenta anunciando-lhes a morte deste parente e uma grande herança que foi deixada aos senhores, acreditem ou não acreditem; mas de modo algum deixem a sala nem se ponham a caminho sem estar antes muito bem conscientes e informados. Sem tal precaução, seguramente os senhores serão roubados.

———

Tratem de se precaver dos charlatões e curandeiros. Não vou dizer que estes senhores roubam, mas sim que os artistas e os médicos indígenas e revalidados são ladrões mais decentes.

———

Nunca comprem contrassenhas, *saídas* ou bilhetes de peças de teatro, concertos etc. na rua ou de gente desconhecida. Comprem seus ingressos na bilheteria e assim verão os touros ou a comédia: se os senhores se esquecerem dessa precaução, é muito provável que sejam enganados.

———

Se de noite os senhores encontram uma senhora sozinha, que diz estar perdida, ou que tem medo de andar sem companheiro nessas horas, não a acompanhem nem lhe ofereçam o braço nem queiram galanteá-la. Ela não é uma vagabunda! Com certeza no primeiro beco encontrariam o intitulado *marido*, que seria um ladrão, ou que proporcionaria aos senhores um momento desagradável.

———

D. Dimas Camándula

Nunca deixem sua casa sozinha: se os senhores forem ao campo, ao teatro etc., que deixem alguém em casa, pelo menos um cão.

———

Se os senhores tiverem alguma quantia de reserva e não querem empregá-la em papéis do Estado nem em negócios industriais ou mercantis, pelo justo temor de ficarem a ver navios, não a guardem na cômoda, na escrivaninha ou na lixeira. Usem a imaginação, e não será difícil inventar um esconderijo ou lugar secreto que as resguarde das investidas dos ladrões.

———

Os comerciantes, os banqueiros, os tesoureiros, ou depositários farão bem em se precaver de um assalto a mão armada, valendo-se de cofres disponíveis nos bancos, com todas as circunstâncias que os artistas modernos inventaram e que deixam os ladrões anormais em pânico.

———

Se os senhores viajam sozinhos ou à noite, se os senhores têm de sair tarde de casa etc., não será má precaução levar consigo alguma das armas cujo uso esteja permitido pela lei.

Como precaução, podem imitar também algumas pessoas que levam um saquinho de areia ou de pimenta para atirar na cara do ladrão agressor e cegá-lo. Isto, posto em prática, surtiu várias vezes felicíssimo efeito.

———

A arte de roubar

Pelo que tenho dito até aqui, os senhores já terão o conhecimento de que é muito importante evitar todo trato e contato com os usureiros, os jogadores, os mendigos, os ciganos, os vagabundos, os clandestinos, os charlatões, os *arbitristas*,[10] os curandeiros, os pajés, os adivinhos e as prostitutas. Todos esses bichos são muito afins do gênero ladrão: neles tudo é temível; deles nada bom há que se esperar. Previnam-se, portanto!

———————

As portas das casas podem ser consideradas desde sempre precauções tomadas para proteger-se dos ladrões; mas como estes inventaram as artimanhas para dar cabo das precauções, foi preciso melhorar infinitamente as portas: e daí vieram as correntes, as armadilhas, as portas forradas de ferro, as fechaduras com pistola, as campainhas e demais *ultraprecauções* que em certos casos se tomam, e que não desaprovamos.

———————

Mas os roubos à força, os roubos como arrombamento de portas, não são os mais frequentes nem os mais temíveis. Previnam-se sobretudo dos roubos *doces*, dos ladrões que depenam a vítima, sem que ela perceba até depois de consumado o sacrifício. Assim, pois, assinalaremos em conclusão como precauções gerais para não ser roubado:

———————

10 Pessoa que elabora planos e projetos disparatados para favorecer os cofres públicos. (N.T.)

1º Não especular em nenhum ramo que não se conheça perfeitamente.

2º Não aceitar valores que não possa administrar imediatamente.

3º Não comprar ações em nenhuma companhia ou sociedade que ofereça vantagens ou lucros desmedidos.

4º Não emprestar dinheiro, ainda mais com hipoteca.

Esses conselhos são terríveis, são desumanos: mas, mais terrível, mais desumano ainda é ficar na rua e sem uma casa, por tolice ou por ter pretendido fazer um favor. Além disso, há casos em que os ganhos (ou *garantias*, como se diz agora) materiais e morais são muitos e bons; e tampouco queremos que nossos conselhos sejam absolutamente aplicáveis a todos os casos. Cada qual poderá graduar a sua aplicação segundo as circunstâncias particulares. Ninguém, todavia, pode se esquecer de que a regra geral deve ser:

Dar, só bom-dia;

Emprestar, só paciência;

E confiar, não mais que em Deus.

Reflexão final

A desconfiança é mãe da segurança.

Capítulo III
Plano de conduta no ato
e depois de ser roubado

Já vimos quão generalizada e universalizada é a tendência a se apropriar daquilo que se diz *alheio*; e dissemos também que todo próximo está sempre e continuamente exposto a ser roubado. Cada dia que passamos sem que nos roubem algo, devemos pensar que houve um milagre. Portanto, o dia em que nos sentirmos roubados convém não se assustar, encarar o episódio como algo normal e ocorrido por obra de Deus. O que ganhariam os senhores chateando-se? A saúde iria se ressentir, e ao fim e ao cabo tão roubados seriam os senhores de um modo ou de outro.

Os senhores entram em casa e se deparam com um quarto destrancado, o cofre vazio, os talheres de prata escamoteados e todos os móveis grandes em completa desordem: nesse caso chamem o chaveiro para que troque a fechadura da porta e conserte o cofre; recoloquem os senhores cada coisa em seu lugar e tratem de comprar talheres novos. Tenham paciência, pensem consigo mesmos, vejam se aquela desgraça pode ser talvez um castigo providencial por algum pecado que escapou, e abram uma ocorrência interna para investigar as causas, circunstâncias e pormenores do roubo, a fim de evitar que em outro dia se repita o ocorrido.

Se estão em casa (de dia ou de noite) e entram ladrões: nesse caso, os senhores devem chamar o vizinho, se for possível, e tentar prender o sujeito ou os sujeitos que tentam invadir a propriedade alheia: mas ainda melhor seria simplesmente dar um corretivo neles: assim os senhores ficam mais rapidamente desocupados e não precisam dar declarações e outras chatices de costume.

Suponhamos que ocorra com os senhores na rua um lance grotesco (que será por causas naturais prova de que os senhores não estudaram bem o capítulo das Precauções): então, o melhor, melhor que tudo, é *fugir*, se conseguir. Se o ladrão for apenas um, e os senhores tiverem bastante serenidade e robustez suficiente para enforcá-lo, mostrem seus punhos ou sua bengala; mas se os ladrões são muitos, ou, contrariando todas as minhas advertências, os senhores forem acometidos pelo *medo*, não há mais alternativa a não ser se deixar roubar.

Suponhamos, por último, que os senhores vão viajar, ou que tiveram vontade de ir passear em locais mais distantes, e se encontram com um ladrão dos que temos denominado *excepcionais*. Neste caso, o remédio mais eficaz é *fugir*, se conseguir. Se é possível *resistir* e se tiver a certeza de que vencerá, tampouco seria ruim resistir. Mas como geralmente nos roubos rurais os ladrões costumam ser dois ou mais, estar armados e carecer de todo o sentimento de humanidade, é muito raro que possamos fugir sem perigo e resistir com vantagem. Nesses casos, *mais vale manha que força*: é em tais situações que o homem esperto se finge momentaneamente de ladrão; então é quando o frei atira um saco cheio de medalhas de terço de Gil Blas; e então, por fim, é quando se apela aos grandes recursos. Sirva de *verbi gratia* o sucedido que li na *Gaceta de los Tribunales* (jornal de Madri) de 21 de abril de 1841, que diz: *"Daroca, 8 de abril.* Caminhavam para ir carregar azeite na baixa Aragão dois boiadeiros jovens ao povoado de Romanos; quando estavam por concluir a sua viagem foram cercados por gatunos armados: um deles ficou a curta distância observando tudo, e o outro, aproximando-se dos viajantes, exigiu-lhes o dinheiro que levavam. Os pobres boiadeiros atiraram ao chão 27 duros,[11] que era todo seu capital; mas quando o salteador se abaixou para pegar as moedas, os boiadeiros se atiraram em cima dele, e com a mesma arma lhe deram um golpe que o deixou meio morto. Vendo isso, o companheiro que estava de vigia fugiu correndo para se salvar da fúria dos boiadeiros."

Tampouco foi tonta aquela menina da periferia de Paris, da qual nos fala o *Nouveau Momus Français* (1817) no seguinte episódio: "Um padeiro de Gonesse enviou sua filha à cidade para cobrar uns seiscentos francos. Antes de partir, vê-se que a menina está com o seu namorado, e ela o convida para acompanhá-la. Ele concorda feliz. Tudo foi às mil maravilhas, até que no regresso o vadio do namorado afastou a moça do caminho, conduziu-a para a beirada de uma pedreira muito profunda e exigiu que ela entregasse a ele os seiscentos francos. A menina no início pensou que ele estivesse brincando; mas o desleal insistiu reiteradamente e ameaçou atirá-la à pedreira: ela não teve alternativa senão entregar-lhe o dinheiro. Não satisfeito com isso, mandou que a menina se desnudasse, porque também queria roubar-lhe as roupas. É fácil imaginar a surpresa

---

11 *Duro:* moeda espanhola que vale cinco pesetas. (N.T.)

D. Dimas Camándula

daquela jovem; chora, suplica, ajoelha-se... O pérfido amante se mantém inflexível e repete a ameaça de antes. A menina obedece. Acreditou que lhe deixaria pelo menos a camisa, mas se enganou. 'Pois bem', disse a menina, 'vire a cara, porque não quero tirar minha camisa estando você me olhando'. O tolo vira a cara, e no mesmo instante a menina lhe dá um forte empurrão pelas costas e o faz cair no buraco profundo da pedreira. O canalha teve as duas pernas fraturadas: como se isso não bastasse, foi preso, processado e condenado como salteador de estradas".

É com esse estilo que as crônicas retratam vários episódios curiosos; mas desgraçadamente não são muito comuns. Se não fosse a *paúra* que quase sempre apanha totalmente a pessoa que está sendo assaltada por ladrões; se pudéssemos nos convencer de que a maior parte dos ladrões é altamente medrosa e de que o menor assomo de resistência os desconcerta, eu não vacilaria em aconselhar os meus leitores que sempre viessem a resistir: mas é o caso que a serenidade e o valor não se vendem nem se compram, e é por isso mesmo que foi exposto que fazer alardes definitivamente reverteria em danos para a vítima. À FUGA, À FUGA! É esse o soberano remédio. Mais até para fugir necessita-se de alguma serenidade e certo valor. Tropeçamos então em um novo inconveniente.

Supondo, pois, que as circunstâncias particulares da vítima não lhe permitam resistir, nem fugir, o mais acertado será apelar à eloquência. Aguce a vítima sua imaginação para esconder o relógio, o anel ou algumas moedas e veja logo se pode comover o ladrão. Faça-lhe um desenho animado de suas desgraças, da sua família numerosa... chore... lance mão de todos os seus recursos de oratória que possam causar algum efeito na postura dos ladrões e tire o maior proveito possível. Algum valentão dirá talvez que esta conduta é própria de mulheres, moleques, de homens covardes... Será tudo o que eles queiram; mas ninguém negará que é a única forma que aconselham a razão e o interesse próprio bem entendido.

Meus leitores convencer-se-ão facilmente do quão difícil é traçar um plano geral de conduta, quando é tanta a variedade de casos particulares que possam ocorrer. Os princípios gerais explicados neste capítulo, as ARTIMANHAS manifestadas no Capítulo I e os episódios da FLORESTA DE LARÁPIOS ofereceram uma luz para governar-se de acordo com as circunstâncias. Dado um lance inevitável, o que importa é salvar o máximo possível, sobretudo a pele. A tão santo fim devem se encaminhar todos os atos e todas as palavras do roubado: o resto é fingimento. E como muitas desgraças (mais da metade talvez) ocorrem por imprevisão, não me cansarei de recomendar a repetida leitura do Capítulo II desta obra, que trata das PRECAUÇÕES PARA NÃO SER ROUBADO.

Há quem diga que convém memorizar a fisionomia do ladrão. Eu acho o contrário: entendo que essa memorização, difícil por outro lado, não faria mais que assustar e atormentar continuamente a imaginação do roubado. Bonitas feições costumam ter os salteadores de estradas para termos o prazer de retê-las! Mas vamos supor que os senhores memorizaram a fisionomia do ladrão e que amanhã ou outro dia o veem passeando pelo mercado ou bebendo no bar: que pensam fazer? Delatá-lo? Não se meteriam em maus lençóis! Com certeza o dinheiro ou os objetos roubados ficariam tão roubados quanto estavam; e após mil dissabores e maus bocados o melhor que os senhores conseguiriam seria satisfazer a *vergonha pública*, mas não a *frustração particular* de que foram vítimas. As leis castigam o ladrão, mas raras vezes indenizam o roubado. Então nada de reter as feições do ladrão; nada de delações ou denúncias; nada de querer formar o que chamam *parte em causa*; nada de conversas com a Justiça nem com os religiosos; não senhores, nem de brincadeira: e sobretudo lembrem-se sempre daquele gracioso verso de um de nossos poetas mais geniais:

O que vai pedir? – Justiça
– Por quê? – Porque me roubaram
– Pois volte, se não quer
Que se repita o fracasso.

———

Capítulo IV
A floresta de larápios

Sob esse título, vou copiar uns quantos episódios de roubos curiosos e originais, em sua maior parte históricos, autênticos, tirados dos jornais nacionais e estrangeiros de maior crédito e renome. Na FLORESTA, meus leitores encontrarão muito bem explicado o que manifestei nos capítulos anteriores; verão, como dizem, "postas em cena" as principais artimanhas para roubar e adotadas com mais ou menos resultado as precauções para não ser roubado. Por conseguinte, este capítulo é talvez o mais importante do meu A ARTE DE ROUBAR; e com certeza é também o mais ameno, pitoresco e hilariante. Quantos melancólicos e desmedidos vão dar risadas! Quantos desanimados vão rir tanto até cair quando lerem alguns dos surpreendentes episódios e das curiosidades deste capítulo! Faça o teste.

I
O sobretudo

Não faz muito tempo que um jovem muito elegante se apresentou em um hotel de Londres, perto do anoitecer, solicitando um quarto para passar a noite. Tinha uma bela aparência e usava um grande sobretudo abotoado até os pés, uma gravata muito bem posta, um colete de gosto duvidoso, um charmoso chapéu e botas envernizadas. O dono da pousada agilizou as coisas para dar ao seu hóspede um dos seus quartos mais bonitos. No outro dia, ao amanhecer, nosso jovem puxou violentamente o cordão da campainha. Ao toque, vê-se um criado perguntando o que deseja a sua senhoria.

— As minhas calças, responde; já é hora de me levantar.

O criado desceu à procura das calças, certo de que algum outro camareiro poderia tê-la levado para escovar. Mas em poucos instantes subiu de novo dizendo que ninguém tinha pegado a calça reclamada. Ao ouvir esta resposta, gritou e esbravejou o jovem, ameaçando entre outras coisas as pessoas da casa de que iria fazer queixa aos magistrados. O dono, que acudiu rapidamente, procurou acalmar o jovem por todos os meios imagináveis, e ainda lhe ofereceu reembolsar o valor da calça.

— Que me importam as calças? — respondeu o jovem *gentleman*. — O que me importa é uma nota de 25 libras esterlinas que havia nelas...

O dono da casa, vendo-o decidido a dar parte, e temendo ver o seu estabelecimento metido em um negócio tão feio, correu para buscar uma nota daquela importância, à qual agregou o valor da calça, suplicando ao jovem que evitasse o escândalo. O jovem prometeu que não o faria e saiu da pousada.

Havia passado algum tempo, e esse lance foi esquecido, quando o camareiro que participou dele encontrou um jovem de outra pousada situada em outra extremidade de Londres e lhe contou o episódio. Qual foi a admiração do narrador

A arte de roubar

quando aquele que o escutava descreveu exatamente o jovem *gentleman* das calças.

— Então você o conhece? — perguntou ao seu amigo.

— Sim, respondeu o outro; tinha deixado as calças em casa em comodato porque não podia pagar.

Ao ouvir isso, ambos os camareiros correram imediatamente para contar o caso ao dono do hotel; mas já era tarde! Ele não pôde fazer nada a não ser maldizer os *sobretudos* e propor revistar todos os próximos que aparecessem assim vestidos.

II
O pontapé de uma bailarina

Os jornais ingleses, com referência a uma carta de Hamburgo, noticiam o curioso episódio:

"A famosa bailarina Fanny Elsler, tão conhecida nos principais teatros da Europa por sua extraordinária habilidade na arte que professa, acaba de livrar-se de uma desgraça iminente pela sua postura positiva, sobretudo pela grande força muscular das suas pernas. Durante a curta temporada em que a célebre artista permaneceu em Londres, tinha notado que um jovem elegantemente vestido, que dizia ser inglês, mas que falava francês com muita desenvoltura, a seguia por todas as partes, na entrada e saída do teatro, olhando-a sempre com um semblante que revelava a existência de uma violentíssima paixão e chegando um dia até a entregar-lhe nas mãos uma carta que continha uma declaração de amor. Mdlle. Elsler tomou aquilo como brincadeira e não se lembrava mais dele quando, há poucos dias, concluída sua temporada e tendo ela que voltar ao continente, embarcou em um navio com destino a Hamburgo;

e no momento em que a sua bagagem foi despachada e ela ia descer para o camarote que lhe haviam destinado, levando em sua mão uma caixinha de joias, de brilhantes e cédulas em uma quantidade considerável, virou a cabeça e viu um jovem marinheiro que lhe oferecia a mão para descer a escada, o qual ela reconheceu imediatamente como seu misterioso caso de Londres. Querendo disfarçar, fingiu-se de desentendida e aceitou a gentileza, divertindo-se durante o dia em observar os esforços que o suposto marinheiro fazia para vê-la e suspirar ao passar ao seu lado, e quase chegou a ter pena, acreditando que fosse algum jovem aventureiro, filho de alguma família importante de Londres.

"Chegou a noite e, entregue ao sono como a maior parte dos passageiros, Mdlle. Elsler ouviu barulho e, despertando-se assustada, viu um homem e o reconheceu imediatamente como o jovem marinheiro, que, estendendo o braço e inclinando-se sobre a sua cama, disse: 'Meu anjo, perdoe o meu atrevimento; meu amor é tão intenso que não posso viver sem dizer que te amo...' Assustada, a bailarina respondeu: 'Saia já daqui, antes que eu grite.' E ao mesmo tempo tentava se levantar; mas o fingido amante, murmurando outras palavras amorosas, ameaçou abraçá-la com o braço direito, ao mesmo tempo que com a mão esquerda procurava desprender do teto do camarote a caixinha dos brilhantes. Mdlle. Elsler o advertiu e exclamou aterrorizada: 'Quer me roubar!'...

"'Sim' – respondeu descaradamente o suposto marinheiro. 'Tenho tanto amor a teus bens quanto a ti; e preciso que sejas minha, e essa caixinha também.'

"Nesse momento, começou uma luta terrível: Mdlle. Elsler tentava se levantar da cama, e o marinheiro tentava agarrá-la e abafar sua voz; mas, percebendo que não era fácil, o agressor deu um passo atrás e sacou um punhal que levava escondido na cintura. Mdlle. Elsler, sentindo-se perdida, nesse momento crítico se armou de todo seu valor e dando uma rápida volta na cama pôde tirar o pé direito e com a rapidez de um raio deu um pontapé tão forte no peito do marinheiro que ele caiu de costas e começou a cuspir sangue pela boca, soltando meio desmaiado o punhal que tinha na mão, do qual Mdlle. Elsler se apoderou, decidida a vender caro a sua vida. A tudo isso, que aconteceu em brevíssimos instantes, acudiram aos gritos de Fanny os passageiros e membros da tripulação. Informados do ocorrido, levantaram o agressor do chão em um estado lastimável e o prenderam na adega. Examinados os seus papéis pelo capitão, descobriu-se que era um famoso ladrão de Londres, muito conhecido por outras façanhas semelhantes. Logo que o navio chegou a Hamburgo, o delinquente foi entregue à Justiça; mas acreditava-se que não viveria muitos dias, pois tinha o peito totalmente destroçado, tão terrível foi a violência do pontapé da bailarina! O que não é de se estranhar, pois as bailarinas adquirem grande força muscular nas pernas por consequência do contínuo exercício" (maio de 1840).

III
O chapéu cheio de xarope

A imaginação dos ladrões, sempre fecunda em planos, acaba de fazer em Burdeos um novo ensaio de como se apropriar do bem alheio, digno de ser classificado entre os mais notáveis que se conhece no ramo. Um indivíduo, de boa aparência e asseado, entra em uma loja de especiarias e pede xarope de açúcar.

D. Dimas Camándula

Preço combinado, o vendedor chama a atenção do comprador dizendo que ele não tem vasilha alguma para colocar o xarope. O comprador, sem se alterar, responde que o colocará em seu chapéu; e para provar que essa é realmente a sua intenção, acrescenta que é por conta de uma aposta que fez com seus amigos. O vendedor calcula a quantia de xarope pedida e, contendo o riso, verte o xarope no chapéu que o homem lhe apresenta; mas enquanto o vertia, o comprador, num rápido movimento, coloca o chapéu na cabeça do vendedor e inunda sua cara e seu corpo de xarope, deixando-o banhado no doce licor, como o *abacaxi* ou as *bananas* que vêm das colônias. É inútil acrescentar que, enquanto o vendedor procurava se livrar daquele mel, o meliante aproveitava o tempo para esvaziar o caixa do balcão e saquear o quanto podia, tratando em seguida de fugir (*Le Temps*, 29 de março de 1838).

Esta história nos lembra outra que aconteceu com um comerciante de Thann em março de 1840. Eis aqui como a descreve o *Courrier du Bas-Rhin*.

"Vamos denunciar um calotezinho digno de rivalizar com os calotes maiores que diariamente ocorrem na capital, por conta das pessoas que são demasiado confiantes, sob o nome de *roubo à tira, roubo à polaca, roubo ao bom-dia* etc. Na semana passada, uma mulher se apresenta na casa de um comerciante de Thann e pede um quilo (pouco mais de duas libras castelhanas) de um bom café. O especieiro pesa o café em um grande cone, mas a compradora diz que não precisa de papel, e sim que despeje o café em um pote que levava debaixo da capa. Colocado o café debaixo da capa, a boa mulher procura a bolsa e não a encontra.

'Valha-me Deus!', exclama. 'Perdoe-me, senhor, esqueci a bolsa em casa; vou buscá-la: não tenha medo, porque vou deixar a mercadoria aqui.' Põe o pote sobre o balcão e sai. Passa-se uma hora e a mulher não aparece: o comerciante se cansa de aguardar, pega o pote para devolver o café à sua respectiva caixa; mas, surpresa: o maldito pote está vazio e não tem fundo: o café não fez mais que passar pelo pote para ir parar numa bolsa que a astuta ladra tinha manhosamente disposta debaixo da capa."

IV
Senhores, não emprestem a bengala!

Um inglês dos muitos que há em Paris buscando a qualquer preço os prazeres da agitada vida daquela capital, despejando às mãos cheias o ouro para fugir do terrível *spleen* que a brumosa atmosfera do Tâmisa injetou neles, passeava há poucos dias pelos pórticos da Rua de Rivoli, girando uma preciosa bengala com punho de ouro que levava na mão. Aproxima-se dele um mendigo apoiado em duas muletas e lhe pede esmola com um tom algo misterioso. Comovido, o inglês lhe dá imediatamente uma moeda de prata. "Que faz o senhor, cavalheiro?", diz um homem que passava ao seu lado naquele momento. O senhor se deixa enganar por esse vagabundo? Empreste-me sua bengala, e verá logo como ele pode correr mais depressa que o senhor e que eu. O inglês, sem pensar, entrega-lhe a bengala. Nisso, o mendigo atira as muletas e começa a correr como um gamo, atrás dele o da bengala; todos os espectadores, e o inglês mais do que todos, às gargalhadas, gritando: "Pega, pega". Mas, à primeira esquina, desaparecem o perseguidor e o perseguido, e o inglês ainda está esperando a sua bengala, que dizem ter custado quinhentos francos (janeiro de 1839).

V
Os ladrões monomaníacos

Outro dos nossos jornais cita nesta manhã uma curiosa perfeição da arte de se apropriar dos bens alheios.

Um cavalheiro de boa aparência passa em frente a uma loja ou armazém, apanha o que consegue e depois segue seu caminho apertando o passo. Se o lojista não o repreende, a ação é simples e entra na categoria dos furtos comuns, mas se o ladrão é notado no ato e é perseguido, quando o agarram pela gola da casaca, aparece um comparsa, de uniforme, que se diz criado. Abismado tira uma bolsa cheia e diz ao roubado:

"Não faça escândalo, eu lhe peço; diga-me quanto vale o objeto que meu patrão roubou, e eu o pagarei. Este que o senhor pensa que é um ladrão é o marquês de..., que tem rendimentos de sessenta mil libras; mas, por causa de uma cruel doença mental que sofreu, ficou com uma deplorável mania. Estou encarregado de segui-lo a todas as partes, vigiar as suas ações e pagar todas as dívidas que contraia por consequência da sua loucura. Por desgraça, eu o perdi de vista um instante; não fosse isso, eu havia evitado ao senhor a pena de correr atrás dele e o desgosto de ver-se tratado de uma maneira tão vergonhosa".

O roubado solta então o ladrão, saúda-lhe com respeito, pede a ele mil perdões, e as testemunhas da cena acompanham com olhares de compaixão o marquês maníaco, que vai embora escoltado por seu fiel lacaio.

A arte de roubar

Isso se chama *roubo à monomania* (*Le Commerce*, 16 de janeiro de 1839).

VI
A falsa mulher do bêbado

Próspero Gauthier, empregado e homem de confiança de um negociante da Rua do Sentier (em Paris) voltava ontem (6 de setembro de 1838) após receber para seu patrão uns cem francos quando por acaso encontrou um compatriota. Entram em uma taberna; o prazer de terem se reencontrado multiplica os goles, e ao se separarem os dois amigos não caminham com muita segurança nem, digamos, equilíbrio. O tempo estava tempestuoso; o vento, forte. Depois de dar alguns passos, Próspero sentiu que o sono lhe fechava as pálpebras e, sem mais pensar, deitou-se na calçada de um edifício grande de *Menus-Plaisirs*, Rua do Faubourg-Poissonnière. Roncava já fazia uns minutos quando uma mulher que passava parou e tentou levantá-lo pelo braço. Próspero murmurava entre dentes e voltava a se deixar cair. A mulher ao que parece se desesperava: "É o meu marido (dizia aos transeuntes que se aglomeraram), leva dinheiro, e temo que seja roubado". "Pois bem", responde um oficioso: "Leve o dinheiro e o deixe dormir; é o melhor que pode fazer".

A mulher não precisou que o homem o dissesse duas vezes: revistou os bolsos de Próspero, tirou o dinheiro e o relógio e foi embora. Logo começou a chover a cântaros; despertou-se o bom homem e pretendia seguir seu caminho: reparou então que seu relógio e seu dinheiro tinham desaparecido; desesperou--se e informou-se. Um lojista vizinho, que tinha visto tudo que aconteceu, procurou tranquilizá-lo dizendo-lhe que a sua mulher tinha recolhido o dinheiro.

"Minha mulher!" – exclama Próspero. "Como, se não sou casado?!"

"Pois então ela o roubou" – respondeu tranquilamente o lojista.

O pobre Gauthier se viu na terrível situação de ter de se valer de suas economias o necessário para reembolsar os cem francos ao seu patrão; mas este lhe fez o favor de lhe cobrar a metade da sua original desgraça (*Gazette des Tribunaux*).

VII
A dúzia de camisas

Anteontem à noite se apresentou um cavalheiro em uma loja de lingerie da Rua Vivianne (em Paris), na qual se encontrava sozinha uma senhorita do balcão. Pediu para sua esposa uma dúzia de camisas de tecido de holanda superfina. Prontamente, a jovem lhe mostrou o melhor da loja; separaram a dúzia e acertaram, por fim, que seriam 230 francos. O cavalheiro tirou sua bolsa cheia de luíses e começou a contá-los. Mais tarde, aparentando refletir, fez a jovem entender que sua esposa é muita alta e gorda e que, por isso, temia que as camisas lhe ficassem curtas e apertadas. A jovem do balcão, uma linda mocinha, propôs provar uma por cima do seu vestido. Aceitado. O negociante, sob pretexto de comprovar o tamanho, prendeu a camisa dissimuladamente com um alfinete na parte inferior do vestido da vendedora, contando que, ao retirá-la, a jovem ficaria com a cara tapada. Enquanto lutava para safar-se, o desconhecido pegou as camisas, abriu a porta e foi embora (20 de dezembro de 1838).

Parece que em Lila houve posteriormente uma segunda edição dessa mutreta, segundo o seguinte relato que lemos nos jornais.

"Um sujeito entrou em uma loja de uma vendedora de tecidos e lhe perguntou se tinha camisas feitas. Ela lhe disse que sim, e ele mandou que as mostrasse. Mostrou-lhe meia dúzia, e o indivíduo, após tê-las examinado, disse-lhe que eram um pouco estreitas. A vendedora, para provar que ele estava enganado, não pensou duas vezes em vestir uma das camisas por cima do seu vestido, sem imaginar o quão difícil seria a tarefa, pois ela era bem gorda. Assim, enquanto lutava quase sufocada e pugnava por tirar da sua cabeça a camisa, o desconhecido fugiu, levando as mercadorias debaixo do braço. 'Ladrão! Ladrão!', a mulher furiosa começou a gritar, lançando-se fora do balcão, e saindo à rua *em camisa*. Que pensaram os transeuntes? Que estava louca. Rodearam-na sem ouvi-la, fizeram-na entrar em sua loja quase à força, e só depois de muito custo ela conseguiu explicar às pessoas a sua peregrina aventura. Mas o comprador de camisas já tinha desaparecido, e ela prometeu não voltar a provar nenhuma prenda que tratasse de vender."

VIII
É madame Laffarge!

O *Messager* comunica um lance ocorrido na noite do dia 12 do mês corrente na galeria coberta de Orleans, no Palais-Royal, que prova a grande audácia e travessura por parte dos que o conceberam e o levaram a cabo, e uma credulidade vergonhosa para um público como o de Paris, flor e nata da ilustração do século. Eis aqui o sucesso:

"A galeria de Orleans encontrava-se muito concorrida anteontem à noite, com grande afluência de curiosos e pessoas desocupadas, quando decidiu passar por ali uma jovem e elegante senhora, com ares e maneiras que davam a entender que pertencia a uma classe distinguida da sociedade. De repente, um jovem, que ao que parece a seguia havia algum tempo, exclamou, apontando-a com o dedo: 'Vejam aí essa envenenadora! Quê? Não a conhecem? É a cafetina madame Laffarge! Aquela que, graças à sua boa estrela e apesar da sua sentença, foi colocada em liberdade.' E, seguindo as suas investidas sobre a senhora, continuou aquele indivíduo afirmando descaradamente que era a madame Laffarge.

"Em um momento, a senhora se viu rodeada por todas as partes e, protestando contra aquele desagradável quiproquó, assegurou que nem sequer conhecia aquela pessoa a quem se referia o indivíduo. Mas a multidão que a rodeava se obcecou em não querer dar crédito às suas negações: nem as lágrimas nem os soluços da desgraçada senhora foram o bastante para desenganar aquela gente.

"Entretanto, o desespero da vítima daquela comédia ia aumentando: aos soluços seguiu um ataque de nervos, e a desventurada cai no chão acidentalmente; mas as pessoas estavam tão apinhadas que era impossível chegar para socorrê-la. Em vão, a guarda da galeria, que tinha chegado ali ao primeiro aviso, tentou abrir passo; foi necessário pedir reforços à guarda mais próxima e só assim, e auxiliada a tropa pela guarda municipal, se conseguiu dispersar os curiosos e proteger a desgraçada

A arte de roubar

senhora, que foi levada sem sentidos para a delegacia da guarda, onde lhe providenciaram todos os auxílios que seu estado de saúde reclamava; e logo que voltou a si, o comandante da guarda a mandou acompanhada até a sua casa. Assim acabou esta cena, cujo objetivo não se tardou em descobrir.

"De fato, apenas meia hora depois, umas dez ou doze pessoas que fizeram parte dos curiosos que assediavam a citada mulher voltaram à galeria de Orleans e começaram a andar muito compenetradas uma para cada lado, uma procurando seu alfinete de ouro, outra seu diamante, esta sua bolsa, aquela seu lenço da Índia e sua caixa de rapé. Então já não houve dúvidas de que tudo aquilo tinha sido uma farsa inventada por alguns larápios, com o fim de limpar os bolsos dos curiosos, aproveitando-se do tumulto e dos empurrões daquela cena" (outubro de 1840).

IX
Tabaco e paralisia

Ontem (26 de dezembro de 1838) em um dos postos de entrada de Paris foram detidos dois homens que haviam criado um meio engenhoso para contrabandear tabaco. Tinham disposto um grande número de pacotes de tabaco, de modo que representassem a forma exterior de um homem. Em seguida vestiram o fantasma; colocaram-lhe meias, sapatos, camisa, calças, colete e, para arrematar o disfarce, um enorme casaco ou paletó. A cara e as mãos eram de cera e muito bem imitadas: uma peruca e um chapéu completavam o disfarce. Levavam-no como a um paralítico, a quem acompanhavam à casa por ele ter sofrido um mal súbito.

X
O pseudomarido e o xale

Há dois dias uma senhora se apresentou em uma mercearia da Rua de Richelieu e separou um xale de caxemira de certo valor. Acertado definitivamente o preço, o dono do estabelecimento, com quem a senhora tinha tratado, envolveu o xale e a acompanhou ao caixa, dizendo a quantia que ela deveria pagar. Os mancebos da loja tinham reparado em um homem elegante, mas de aparência vulgar que, desde a chegada da senhora, estava na porta da loja e seguia todos os movimentos da dama que comprava. Ela tirou do seu ridículo[12] uma elegante carteira e, dela, uma cédula que ia entregar à caixa da loja. Nesse instante, o homem observador da porta entrou precipitadamente no estabelecimento, deu um tapa na dama e lhe arrancou a cédula das mãos, dizendo-lhe: "Já sabes que tinha te proibido de comprar o xale; eu tenho te observado, e não o terás". Proferidas estas palavras, saiu da loja. A senhora desmaiou, e as pessoas que estavam na butique, olhando o cavaleiro do tapa como um marido irritado, nada disseram e o deixaram partir.

Quando a dama voltou a si, o dono da butique lhe manifestou o muito que tinha lhe custado presenciar aquela violenta cena e se compadeceu por ela estar dependente de um marido tão bruto.

— Meu marido! — a senhora exclamou com celeridade. — Não há tal; nunca na minha vida tinha visto esse homem.

— Então, senhora, fomos roubados.

---

12 Na época que foi escrito o livro, *ridículo* era uma pequena bolsa de rede que as mulheres utilizavam para guardar os seus lenços e objetos pessoais. (N.T.)

A arte de roubar

Imediatamente mandou os seus empregados correrem para ver se podiam encontrar o ousado vadio, mas era já tarde demais (*Diários de Paris*, 7 de julho de 1838).

XI
O chapéu do juiz

Certo enganador foi sem chapéu a uma numerosa reunião, decidido a escolher um do seu gosto. Colocou-se ao lado de um juiz de primeira instância, que tinha um novo excelente, e o ladrão encontrou maneira de apoderar-se dele quando as pessoas saíram aos empurrões. Advertindo o magistrado de que seu chapéu lhe havia escapulido por debaixo do braço, exclamou: "Senhores, levaram o meu chapéu!". Ao ouvir isso, o enganador vestiu o chapéu e, apertando-o com as mãos sobre a cabeça, disse: *"Cuidemo-nos, não seja o diabo que me roube também o meu!!!"*

XII
Um contrabando em Sevilha

Já caía o sol ao acaso lenta e majestosamente no meio de um grupo de nuvens pardas quando saía pela porta da Macarena, montado em seu cavalo tordilho e envolto em sua capa, um homem que, saudando gentilmente os guardas, parecia já ter trocado outras vezes com eles as palavras que então diziam. Um *olá, cavalheiros*, e algumas pequenas esporeadas no abdômen do animal eram sinal de que o cavalheiro ia incomodado e apressado, sem querer deter-se para dar os sinais combinados para introduzir naquela noite na cidade as cargas de contrabando que se esperavam. "Este trabalho não podia ter sido marcado em pior noite! Que estrada de cão é esta!!!", dizia o cavaleiro do cavalo tordilho e da capa, sem deixar de andar pelo caminho de Brenes. Muito andava o cavalo, mas, perdido em seus pensamentos, não o advertia e o chicoteava sem parar e oprimia para segurar o passo e para que não trotasse. "Minha Nossa Senhora! Por que abandonou a pobre Curra?"[13] Um suspiro escapou do seu coração ao dizer isso, e uma lágrima ardente e cristalina veio a cair sobre o cigarro que fumava. "Bem dizia o benzedeiro Cabrita, o capuchinho, que um viver como o meu não podia ter um feliz destino. Mas enfim a queria tanto!... E logo falam do dinheiro; de que me servem meus cem cavalos, meus três chicotes e minha reputação. Sim, Curra, você é meu coração, vai morrer sem que eu possa evitar? Meu Deus, meu Deus! E ainda tenho de sair da minha casa!".

Em meio a essas reflexões, ele caminhava absorto e atormentado quando um assobio o trouxe de volta à realidade. *"Olá! Como está?" "Ao seu dispor, senhor Jeroma." "Alguma novidade?"*, replicou *o cavaleiro. "Não, senhor, como o senhor pode ver, como nós ao fim e ao cabo estávamos, como o senhor mesmo sabe... sem saber o que fazer", disseram os garotos. "Você pode ir, e quando o senhor Jeroma vier, que chegue a tomar conta dos burburinhos da feira, pode dizer o que há de fazer com os lobos da porta para entrar na cidade esta noite". "Pela vida do outro deus Baco!", exclamou o Jeroma, "que eu não disse nada a essa gente; era melhor ter deixado para amanhã, mas d. Bruno me disse que a loja está vazia. Enfim, chegaremos à feira e logo veremos o que fazer".*[14]

---

13 *Curra*, ao que parece, deriva de "Curro", apelido carinhoso para o nome "Francisco" e com o qual se alude aos andaluzes. Nesse trecho, o termo "Curra" provavelmente se refere à Andaluzia. (N.E.)

14 Esse trecho marcado em itálico, bem como os outros presentes neste subcapítulo, foram grafados em dialeto andaluz antigo. Fornecemos

A arte de roubar

À esquerda do caminho estava estabelecida a feira, e dela se ouviam uns gritos e a algazarra de mil demônios. Tudo mudou à chegada do *senhor Jeroma*; a algazarra se tornou silêncio, o abandono virou respeito, e os copos e azeitonas ficaram solitários. *"Quantos tens vindo?", disse o autor de variação tão repentina. "Sessenta", responderam quase todos ao mesmo tempo. "E quem é o capataz?". "Tio Quico Fraijones", respondeu o que estava mais perto. "E... Que é isso, não veio?". "Sim, senhor, mas pegou a tempo a carga em Brenes, mas caiu e quebrou um braço, e tem ido ver o benzedeiro Melchor de S. Jerónimo para tentar consertar seu braço em um instante, para poder trabalhar esta noite". "E vocês, que fazem?". "Nada, aqui tomamos uma bebida, e Tio Pazolo estava cantando umas playeras para nós."*[15]

Um ruído surdo como o de um cavalo parou em frente da porta. Ouviu-se um "quem esta aí?" do lado de fora e nesse momento apagaram a luz, e todos prepararam seus trabucos. *"Já pode entrar quem quer que seja, se é que tem tomado este caminho para largar*

---

aqui uma tradução aproximada. — *Hola! Es la gente? — Un servidor de usté, señó Jeroma. — Ha ocurrió alguna noveá? Repuso este. — No señó, sino que ya ve usté, como nosotros al fin y al cabo estábamos, como usté sabe, sin saber lo que iba à jacer, dijeron los muchachos, tú te pues dir, y cuando el señó Jeroma venga, que ayegue à tomá los chismes en la venta, pue icir lo que hay que jacer con los robos de la puerta para colar esta noche en la zudia. — Por via é el otro Dios Baco! Esclamó el Jeroma, que no le he dicho na à ese jente; casi casi era mejó dejarlo pa mañana; pero si D. Bruno ma dicho que tiene la tienda vacía. En fin, llegaremos à la venta, y aluego veremos lo que se ha é jacé.* (N.T.)

15 *Cuantos hábeis venio? Dijo el autor de variación tan repentina. — Sesenta, respondieron casi todos à un tiempo. — Y quién es el capataz? — Tio Quico Fraijones, respondió el que se hallaba mas inmediato. Y . . . qué es eso, no ha venio? — Si, señó, pero na, ha pegao al tiempo de cargá en Brenes una caia, y se ha roto un brazo, y ha ido à ver si el pae Melchor de S. Jeronimo se lo arreglaba en un instante, pa siquiera poer trabajar esta noche. — Y vosotros, que jaceis? — N, aquí habíamos echao un trago, y tio Pazolo mos estaba echando unas playeras.* (N.T)

nele a sua coberta, porque, se alguém falar, sairá mais fogo por esta porta do que pelo portão dos infernos. "Cavalheiros, eu não tenho por que ofender a ninguém, me disseram que o senhor Jeroma estava aqui, e vim a falar com vossa mercê duas palavras da parte do cabo da ronda da Macarena". "Pois então o senhor pode baixar-se e entrar, porque há pouco tempo chegou vossa mercê".[16] Enquanto o recém-chegado amarrava o cavalo a uma cerca e descia, a luz voltou a aparecer, e tudo tomou o aspecto de quietude que tinha quando o plenipotenciário do cabo veio interromper a conversa. *Tio Fraijones* chegou também nesse momento; todos o rodearam para saber como ele estava; mas ele, antes de informar-lhes sobre seu estado de saúde, serviu-se de um pouco de chá de camomila e, derramando um pouco sobre o braço quebrado, introduziu o resto em seu estômago, tratando de se inclinar sobre o lado doente, para que o líquido corresse até lá, segundo o benzedeiro Melchor lhe havia aconselhado. Concluída essa operação, disse que o braço não tinha nada, pois, ainda que estivesse quebrado em duas partes e necessitasse ter ficado sem movimentá-lo ao menos por dois meses, já lhe tinha colocado uma tipoia e não precisava se preocupar pelo que ele já dava por concluído. *"Mas quem é esse soldado que entrou na conversa com o senhor Jeroma?". "Não é ninguém, um sujeito da ronda da Macarena", replicou Muleta, "porque você já sabe que, se é por dinheiro, esta gente sempre está querendo renovar as hostilidades; e para isso tem vindo porque, veja você, o cabo é um homem muito regular, amigo*

---

16 *Ya pue pasar alante quien quiera que sea, si es há tomao este camino para largá en él la pellica, porque en cuanto haiga quien diga aire vá, sale mas fuego por esta puerta, que por la puerta grande de los infiernos. — Caballeros, yo no vengo á ofender á nadie, ma habían dicho que estaba aquí el seño Jeroma, y venia á hablar con su mercé dos palabras de parte del cabo de la ronda de la Macarena.* (N.T.)

A arte de roubar

dos amigos, mas quando a um homem lhe fazem falta vinte pesos, estamos... que no fim acontecem as coisas e... mas... nada."[17]

"Sempre me pareceu o mesmo", dizia o *Tio Fraijones*, tirando da luz outra dose de meio litro; "porque uma das coisas que, como você sabe, sempre tem ajudado a me dar bem com todos, veja, sou uma pessoa que está de bem com o mundo, e tão bom é um para um como para o outro, porque... a verdade... as coisas...".

Nesse substancioso colóquio estavam *Tio Fraijones* e *Muletas* quando um grito dado pelo *senhor Jeroma* veio gerar expectativa em todos; e, prestando atenção, ouviram que o guarda dizia ao contrabandista: "três tantos mais dos quatro mil duros que você oferece vai ganhar colocando esta noite as sessenta cargas, e você perderá isso se o cabo disser os nomes por dez ou doze rs. mais ou menos". *"Amigo", respondeu Jeroma, "eu não posso tirar o suor da minha testa como você pensa, porque se você soubesse o que é este caminho, não pensaria o que pensa dos contrabandistas: aqui onde você me vê, está morrendo a mulher que mais estimo neste mundo, e veja você que tenho de estar aqui como se estivesse contente e de boa vontade, porque ao fim, ao fim temos cada um de nós de cumprir com seu trabalho."*[18]

---

17 *Mas quien es ese jundo que se ha colao à platica con el seño Jeroma? — Na, un endeviduo de la ronda de la Macarena (replicó Muleta), porque ya sabe uzté que en tirando á esta jente con plata, siempre estan queriendo renovar las hostiliaes; y ahí ha venio, porque ya vé uzté, el cabo es un hombre muy regular, y mu amigo de sus amigoz; pero cuando á un hombre le jacen falta veinte pezoz, estamos... que al fin vienen las cosas y... pues... na.* (N.T.)

18 *Amigo, respondió Jeroma, no pueo yo tirar como uzté piensa el suor de mi frente, porque si uzté llegara á saber lo que es esta via, no pensara como piensa de los contrabandista: aquí onde uzté me vé, tengo muriéndose la mujé que estimo mas en este mundo, y vea uzté que tengo que estar aquí como si estuviera contento y de buena gana, porque al fin, al fin ca uno tiene que atender á su oficio.* (N.T.)

Nesse ponto estavam quando um dos empregados que esperava as cargas avisou que os armazéns estavam abertos, esperando o mesmo *d. Bruno* em pessoa. Tudo começou a se movimentar, e o mesmo *Jeroma* sacrificou com gosto a diferença que houve no ajuste de contas, para logo terminar de descarregar a carga e retirar-se para saber da sua pobre e desventurada Curra. Era meia-noite e iam dar o assobio da partida quando um peão cansado e ofegante veio avisar de parte do cabo que fugissem, pois o comandante havia sido informado e saía com gente para persegui-los. Apenas ouviram a notícia, formaram-se em pelotão como era de costume, e *Jeroma*, advertindo a ida do guarda, disse: "Quem deverá ir preso desta vez?". "O *Muleta*, o *Pelaez*, o *Pichoco*, o *Venturita* e o *Fajardo*", respondeu imediatamente *Tio Fraijones*. "Pois bem, vão todos direto à ronda levando duas cargas; e nós pela margem do rio em silêncio e por precaução vamos andando para casa".

Divididos desta maneira, os primeiros foram cair em poder dos dependentes e empregados da fazenda, e os outros chegaram felizes para entregar as suas cargas à casa de *Jeroma*, no bairro dos Humeros.

Desta vez, a casa não apresentava o aspecto de alegria de outras ocasiões: uma multidão de mulheres chorosas estava sentada no chão com gestos ora coléricos ora desconsolados. Com o peito cheio de sobressalto, pergunta *Jeroma*: "Morreu, tia Luisa?". "Não, mas é o mesmo, porque está se confessando, e foram a S. Vicente buscar a sua Majestade". "Curra da minha alma!", exclamou caindo meio desmaiado em uma poltrona. "Matem-me por Deus", dizia, "que não poderei viver se morre". Ouve-se uma campainha nesse instante, e era a do clérigo que chegava. O sacerdote entrou cheio de piedade

A arte de roubar

evangélica no aposento da enferma, e, enquanto exercia ali seu piedoso ministério, *Jeroma* mandou que todos os que o tinham acompanhado colocassem debaixo da capa meio fardo de roupa fina para introduzi-la pela porta. Nesse momento estavam cumpridas as ordens, e mais de setenta acompanhantes voltaram com o sacramento todos carregados de contrabando. Com rostos sérios e contritos passaram em frente à ronda que levava presos seus companheiros; entraram na paróquia, e depois de se despedirem do sacerdote, disse *Jeroma* aos seus empregados: "Levem isso a *d. Bruno* e digam que faça o favor de esperar, pois no dia do enterro da minha pobre Curra terminaremos de encher a loja".

XIII
Os ladrões na taverna

Tem ocorrido ultimamente em Londres que um personagem ricamente vestido e com muitos brilhantes nos dedos, e corrente de ouro sobre o colete, entrou em um dos primeiros *restaurantes de West-End* e pediu um prato suntuoso. Caça, pesca, vinhos generosos, consumiu muito de tudo o anfitrião almofadinha, e os garçons se desdobravam com a perspectiva da gorjeta. Estava o Milord nas sobremesas e acabava de consumir a sua segunda garrafa de champanhe quando se viu entrar na sala um oficial de justiça, acompanhado de um guarda da polícia, e perguntaram ao gastrônomo se ele se chamava *Thompson*. Diante da sua resposta afirmativa, chamaram uma carruagem de aluguel, meteram nela o elegante e deram ordem ao cocheiro para ir a Bowstreet (a polícia). Ao mesmo tempo, disseram ao taverneiro que pouco tempo depois fosse à polícia e que lá lhe pagariam a despesa daquele homem. Este foi com conta em mãos... Mas que golpe!... Era tudo armação, o que comeu, os agentes da polícia que o tiraram do restaurante, todos eram uns... larápios dos muitíssimos que há em Londres (abril de 1840).

XIV
O ladrão e o médico

Um médico de Londres, com boa reputação e muito rico, foi um dia receber uma quantidade bastante considerável de dinheiro, em cédulas e em ouro. Quando voltava para a sua casa com o dinheiro, deteve-lhe na rua um homem tão apressado que quase não podia respirar, que lhe suplicou que fosse visitar a sua mulher que estava com um fluxo de sangue tão violento que exigia um remédio muito rapidamente, oferecendo-lhe uma guinea por apenas aquela visita. O médico, que era muito avarento, aceitou a proposta e disse ao homem que andasse e o levasse à sua casa. De fato, chegaram a uma casa em uma rua escondida, subiram ao terceiro andar e entraram em um quarto cuja porta fechou imediatamente o condutor. Depois, mostrando ao médico uma pistola, e entregando-lhe com a outra mão uma bolsa vazia e aberta, disse-lhe: "Esta é a minha mulher: ontem teve um fluxo, que a colocou neste estado; o senhor é um dos mais famosos médicos, e eu sei que nenhum outro pode curá-la como o senhor, pois acabou de tomar de certo modo o remédio que ela necessita; aplique-o, pois, imediatamente, se não quer que eu lhe aplique as duas pílulas de chumbo que estão nesta pistola".

O bom Doutor gesticulou um pouco, mas obedeceu. Colocou, pois, na bolsa abertas as guineas que levava e tentou salvar as notas; mas o ladrão, que percebeu, disse-lhe: "Não é justo que o senhor tenha curado por valor tão barato; já sabe que lhe prometi uma guinea; sou homem de honra; tome-a. Mas eu sei muito bem que tem no bolso umas receitas muito eficazes para evitar a recaída do mal que acaba de curar: dê o gosto de entregá-las a mim". O médico não teve mais remédio que lhe dar as notas; e então o ladrão, escondendo a pistola debaixo da capa, mandou-o sair do quarto, encarregando-o de não fazer barulho, e lhe deixou na esquina de uma rua, intimidando-lhe severamente que não tentasse segui-lo. O vadio escapou, sem dúvida, para procurar casa em outro bairro.

XV
A prova das balanças

No *El Inpedendiente*, jornal de Madri, de 2 de janeiro de 1837, lê-se o seguinte:

"Antes de ontem, entre as várias cenas populares que acontecem nesta dilatada população, presenciamos uma que não deixa de ter interesse. Ninguém ignora as fraudes de que se valem as vendedoras de todas as classes de comestíveis e frutas, para cumprir com o sétimo preceito do decálogo. Um cavalheiro bem encapotado pelo frio e com óculos verdes bem postos abordou uma vendedora de peixes. Perguntou o preço dos peixes e, acertado o valor, pediu duas libras de peixes. A mulher os pesou ao seu modo, dizendo para si mesma: 'este, que não deve ver, pois usa óculos, irá me pagar o que eu determinar' e, enganchando um dos elos do peso com a corda dele – como poucos o fariam tão bem –, pesou e entregou ao comprador a mercadoria; mas este, que não devia ser tolo e tudo observou tranquilamente, disse-lhe educadamente: 'Minha senhora, vá e volte a pesar os peixes em outra balança, sem desfazer o enredo que fez com o elo e a corda na primeira balança que usou; e não se zangue, porque terá de pagar as duas libras, de prata'. A vendedora temeu que fosse algum senhor mandatário de um local importante; fez como ele mandou, voltou a pesar e completou com mais peixes o peso. O senhor pegou, pagou por eles e já em sua casa encontrou mais duas libras e um quarto."

O público concluirá deste feito que, já que a Prefeitura não consegue ver e remediar tudo, cada um pode fazer que em uma ou outra balança com peso suspenso e fixo lhe pesem o que deseja comprar, assim desaparecerão os oito ou dez modos de que se servem os vendedores para roubar o público.

XVI
A dor de lado

Nos últimos dias do mês de março um empregado do teatro da porta de Santo Antônio, em Paris, chamado Perriquet, apresentou-se na casa de uma tia sua que vivia na Rua Grand Chantier e, fingindo uma dor aguda de lado, suplicou que imediatamente chamassem um médico. Compadecida da perigosa doença que assolava seu sobrinho, Madame Bilet não vacilou um momento em ir ela mesma à procura de um médico; mas, durante a sua ausência, o doente Perriquet rompeu sua gaveta e tirou dela duzentos francos em prata e alguns diamantes e joias no valor de três mil francos. No dia seguinte foi capturado, e foram resgatadas as joias roubadas e parte do dinheiro, pois havia gastado o resto na compra de um fraque e uma calça (ano de 1836).

A arte de roubar

XVII
O roubo no tumulto

Nas turmas que haviam se formado ontem na Praça da Câmara dos Deputados e em outros pontos, encontravam-se, como em todos os grupos em geral, certo número de indivíduos que só entendiam mais ou menos da questão política e que haviam ido ali com a esperança de que a turba e a agitação lhe servissem para exercitar suas artimanhas. Não mencionaremos, entretanto, mais que para memória o furto de uma bolsa que continha 120 francos e que um estudante de medicina, seu proprietário, tinha metido no bolso interno da parte de trás do fraque. Contaremos, entretanto, um roubo muito mais original que se verificou perto da fonte da Rua Gaillon. Um jovem muito bem aparentado, e que levava um junco com punho de ouro, dirigia um pequeno grupo de revoltosos que seguiam todas as suas manobras e repetiam as suas vociferações. "*À porta de Santo Antônio!*", o jovem se põe a gritar de repente. Apenas acaba de pronunciar essas palavras quando se aproxima um indivíduo de não muito boa aparência, e jogando sobre o punho do junco um lenço de cores muito vivas, que sem dúvida havia tomado emprestado da algibeira de algum dos assistentes, e disse-lhe: "Você tem a voz muito fraca para comandar; além disso, necessitamos uma bandeira, e você não a tem". Dizendo isso, arranca o junco das mãos do seu proprietário e atravessa a turba ondeando o seu estandarte improvisado, sem que o jovem líder, separado do seu ladrão pela multidão, possa conseguir alcançá-lo (*Gazette des Tribunaux*, 6 de abril de 1839).

83

XVIII
Onze mil rs. em bilhetes

No *Eco del Comercio*, de 5 de dezembro de 1835, lê-se o seguinte:

"Ontem, às três da tarde, um homem bem apessoado se aproximou de um dos cobradores que costumam ficar na Puerta del Sol procurando trabalho e lhe encomendou de doze a catorze mil rs. em cédulas, que trocaria por pesos duros, dizendo-lhe que os levasse ao seu quarto na casa que foi o bar do Cavalo Branco, Rua do Caballero de Gracia, e perguntasse por d. Ramon Solis. Na hora acertada o cobrador foi até lá com onze mil rs. que conseguiu juntar em cédulas e em uma sala bem mobiliada da referida casa encontrou de fato a pessoa que os tinha encomendado, que os recebeu, e, entrando em um gabinete contíguo, disse ao portador dos bilhetes: 'Espere, por favor, que vou pegar o dinheiro'. O pobre homem esperou em vão, pois o suposto Solis escapou com seu roubo por uma escada secreta. Parece que o dono da casa não conhece o tal d. Ramon Solis nem soube dar nenhuma notícia sobre quem ele é nem onde vive. O desgraçado que foi vítima deste engano é um moço honrado, que há muito tempo faz cobranças em várias casas de comércio."

XIX
Uma pistola, mais uma escopeta

Em Granada foi verificado o seguinte roubo, notável pela extrema sutileza do ladrão. Na tarde de 11 do corrente mês se apresentou na loja do mestre armeiro José Polo um jovem

A arte de roubar

com cerca de 25 anos, dizendo que era um seminarista, o qual pretendia arrumar uma pistola com vários adornos de prata, e poderia dar por isso até cinquenta rs., que era o que lhe tinha dado; suplicou ao mestre que fosse com ele até a escola, onde lhe pagaria o estipulado. De fato, chegaram à escola, e o jovem disse ao mestre que o esperasse na porta: passada meia hora, perguntou ao porteiro por um tal Antonio Fernandez (segundo tinha dito chamar-se); ele respondeu que não havia nenhum estudante que tivesse tal nome e sobrenome, assegurando que seria algum malandro que lhe fez aquela brincadeira, saindo por um corredor que tem saída para a rua pela catedral. Incomodado por semelhante lance, o mestre se dirigiu à sua casa, onde percebeu que o suposto seminarista tinha chegado antes e roubado de sua esposa, com pistola em punho, uma escopeta de pistão (janeiro de 1836).

XX
O artista com cola de farinha

Eis aqui uma nova espécie de calote que se usa agora em Paris:

Não faz muito tempo se apresentou um sujeito em um café da Normandia daquela capital. E, dirigindo-se ao dono do estabelecimento, perguntou se tinha algumas mesas de mármore quebradas. "Sou um artista", acrescentou, "e me ocupo de recompor peças desta classe com um meio que tenho para juntar os pedaços uns com os outros. Ficam tão bem postos que os fragmentos de mármore formam um todo indestrutível, uma vez colados com a minha cola inigualável".

85

Alucinado com tão brilhantes promessas, o cafeteiro se apressou em colocar as suas mesas descompostas nas mãos do improvisado artista. Combinaram o preço, acertaram em oito pesetas por tudo, e o homem colocou mãos à obra, que ficou concluída em menos de dez minutos. "É necessário colocar faixas de papel, disse, em todas as partes que meu pincel tocou, tomando cuidado para não tirá-las antes de 24 horas para que possam secar." Cobrou o preço do seu trabalho e partiu depois de beber a tacinha da amizade.

Após as 24 horas o cafeteiro retira os papéis, ansiando para contemplar aquela obra de arte, mas ouvindo um dos seus fregueses dizer-lhe que ele tinha sido enganado por algum trapalhão, mexe a mesa, cada pedaço vai para um lado, e não demora em perceber que o incomparável grude não era mais que um pouco de... cola de farinha (*junho* de 1836).

XXI
Um fraudador de profissão

Ontem (25 de outubro de 1837) os vigias do posto de fronteira de Bercy (Paris) viram um fulano que há dias havia sido denunciado como defraudador de profissão e que entrava com um enorme chapéu piramidal que bamboleava sobre a cabeça, como se escondesse algum objeto muito pesado.

Suspeitando não sem razão de que aquele homem tentava burlar os impostos de entrada, um dos funcionários se aproximou dele e, tirando sua boina, disse-lhe com todo o respeito: "Cavalheiro, tenho a honra de cumprimentá-lo". "Senhor funcionário, tenho o gosto de ser vosso mais atento servidor." "Quê! Não costuma tirar o chapéu para retribuir o cumprimento?" "Nunca, senhor funcionário; jamais costumo fazê-lo." "Ah! Entendo: mas por minha causa o senhor irá tirá-lo; uma vez não fere os costumes." "Oh! Não, senhor funcionário; sou quáquer, e a minha religião me proíbe de fazê-lo." "Pois bem, o tirarei eu que não sou quáquer." Enquanto falava isso, tirou-lhe o chapéu da cabeça. O fulano tinha realmente poderosas razões para não tirar o chapéu, pois se encontrou em seu interior uma enorme bexiga que continha grande quantidade de espírito de vinho, e que lhe foi confiscada.

O autor deste engenhoso invento foi preso por não poder pagar a multa que lhe foi aplicada por tal feito.

XXII
O padeiro e o alfaiate

Na semana passada (diários de Paris de 22 de março de 1835), um elegante *monsieur*, com sua cinta posta nos passadores da casaca, apeia de seu conversível e entra na casa do sr. Grand, mestre padeiro, Rua de Saint-Germain, 25, e lhe diz: "Eu sou médico, e como tal tenho em minha posse o endereço de várias enfermarias particulares: a fama que você tem de fabricar pãezinhos leves e brancos para os doentes e convalescentes me trouxe aqui para acertar com o senhor uma encomenda diária de certo número deles. Amanhã pegarei uns 260 ou talvez trezentos; cuide para que sejam recozidos."

O titulado doutor parte em meio a profundas cortesias e no dia seguinte volta, mas a pé, para se assegurar de que sua encomenda tinha sido feita e, sobretudo, para saber se no caso de necessitar mais haveria disponibilidade para uma maior quantidade de pães. Respondendo afirmativamente o padeiro, o suposto doutor disse que dentro de meia hora voltaria com um ajudante para levar os pães e que o pagamento destes seria feito quando o padeiro levasse a conta em sua casa, localizada na Rua Chercher-Midi, 21.

Ao sair da padaria, o falso médico foi imediatamente à casa contígua, número 23, loja do célebre Edmundo Schinder, alfaiate, e lhe disse também: "Sou médico, encarregado da direção de várias enfermarias particulares. Na última exposição vi que mereceu e que lhe foi dada uma medalha de premiação, e que, além disso, tem o privilégio de ter inventado um engenhoso procedimento para remoçar as roupas velhas, deixando-as como novas, a um preço módico. Venho, pois, tratar consigo sobre isso, para remoçar todos os vestidos de nossos pensionistas."

O hábil artista se apressou em mostrar ao seu novo freguês todas as suas produções artísticas e as suas caldeiras de tinta: "Diabo!", prosseguiu o charlatão; "isso é magnífico: esta capa forrada de veludo, será nova?". "Nada!", contesta o honrado alfaiate tintureiro; "foi restaurada pelo meu procedimento; mas o conde de ***, que vive na Praça da Bolsa, tem me dado muitas roupas para compor por este procedimento, sem me pagar e, por isso, me deu essa capa como compensação". "Fizeste bem", respondeu rapidamente o suposto doutor. "Esses nobres pensam que os seus títulos de nobreza valem ouro. Eu sempre compro à vista; e se queres vender-me essa capa e o sobretudo que está ao lado, tratemos do preço." Efetivamente fazem o trato, o negociante regateia o preço como se estivesse realmente interessado, e por último acertam o preço em 280 francos. "Agora", continua o falso doutor, "terá de ter a bondade de descer ou

A arte de roubar

enviar comigo um empregado à loja do sr. Grand, seu vizinho, quem lhe dará a quantia".

O negociante se envolve na capa, coloca o sobretudo dentro de um lenço e vai acompanhado de um empregado até a casa do padeiro, onde os dois entram. O enganador chama o sr. Grand e lhe diz: "Conte a este jovem 280, e por hoje nem um centavo mais". E vai embora. O padeiro corre ao forno, do qual tira uma grande canastra com 280 pãezinhos de uma libra e se põe a contá-los, convidando o jovem empregado do alfaiate a que confira o número de pãezinhos.

E só então ficou tudo explicado, ficou evidenciado o calote.

Assegura-se que um mês atrás houve uma falcatrua da mesma espécie, sendo vítima dela um alfaiate do Palais-Royal, só que em vez de pães de uma libra deveria receber trezentos pasteizinhos de um pasteleiro vizinho (*Gazette des Tribunaux*).

XXIII
A mulher bem-disposta e prudente

Grande por certo é a confiança que nos inspira em geral o valor feminino: poderiam ser citados muitos exemplos de casos em que as mulheres têm se diferenciado por características como heroísmo e presença de espírito pouco comuns. Entretanto, minhas leitoras, permitam-me que as pergunte se seriam capazes de imitar a heroína do seguinte episódio, que me referiram como autêntico.

Uma jovem, a quem daremos a conhecer com o nome de Carolina, habitava com o seu esposo uma casinha da pequena aldeia de ***. Esta casa, isolada no meio de um enorme jardim, situado quase fora do povoado, não tinha mais habitantes que

D. Dimas Camándula

Carolina e seu esposo, uma criança que tinha apenas um ano de idade e uma criada que tinham recebido há pouco tempo. No anoitecer, reinava nas estreitas ruas do povoado o mais profundo silêncio e antes das dez desapareciam gradualmente todas as luzes, e ao silêncio se somava o horror das penumbras. Àquelas horas era preciso uma circunstância extraordinária, um casamento, um baile, um dia de festa, para que se ouvissem os surdos barulhos dos passos dos transeuntes, e pudesse ver vista a amarelada luz da lamparina que os guiava. Por isso, pode-se entender a solidão daquela casa oculta por trás de um espesso pomar de plátanos e acácias, a trezentos ou quatrocentos passos do caminho real.

Numa tarde do mês de novembro, Carolina estava em sua casa esperando o regresso do seu marido, a quem um negócio urgente tinha obrigado a ficar todo o dia numa aldeia distante duas léguas da sua casa. Era nada menos que cobrar uma dívida, e d. Anselmo, que devia trazer consigo uma soma bastante considerável, tinha se munido de um par de pistolas, sem cuja precaução ter-se-ia exposto sem necessidade e causado em sua esposa inquietudes mortais.

Seis da tarde. Carolina acabava de entrar em casa com a sua criada, com a intenção de deitar a criança. Aquele vasto aposento, pelo qual, como se costuma dizer, poderiam correr cavalos, estava situado no andar principal e tinha vista para o jardim. As abóbodas enegrecidas pelo tempo, os móveis herdados de formas antigas e de uma cor duvidosa, alguns retratos de família com grandes perucas e postura austera davam ao conjunto da estância um aspecto severo. Um não menos largo quarto de casal guardava no seu seio o berço da criança: estavam corridas as cortinas; mas uma das suas pontas, que estava por acaso presa a uma cadeira, deixava ver os pés de madeira da cama, verdadeiro edifício maciço de grotesca estrutura e que foi produzida pelo gênio caprichoso de um ebanista do século XVII.

A noite estava triste e tenebrosa, verdadeira noite de outono, com as suas pancadas violentas, mas rápidas, que açoitavam as janelas. As árvores do jardim, dobradas pelo vento, sacudiam também em intervalos as paredes da casa com os seus ramos; concerto monótono e sombrio no qual não se misturava nenhum barulho humano, nenhuma voz que pudesse prestar, em caso de necessidade, apoio e assistência.

Carolina estava sentada em uma cadeira baixa, ao lado da lareira, cujo fogo, combinado com a claridade do candeeiro de duas mechas que ardia em cima da mesa, caindo em cheio sobre alguns objetos e deixando outros em completa escuridão, fazia ressaltar alguns contornos pelo jogo dos contrastes. Sobre os seus joelhos, a jovem tinha seu filho, enquanto a criada, no outro extremo do quarto, executava algumas ordens da sua senhora.

Carolina estava terminando de vestir seu filho para deitá-lo; mas antes de levantar-se olhou o berço, com o fim de assegurar--se de que estava tudo em ordem: nesse momento o fogo mais ativo lançava uma luz enorme sobre o quarto. Carolina fez um movimento repentino. Debaixo do leito, no lugar que estava descoberto pela cortina levantada, seus olhos visualizaram dois pés calçados com fortes sapatos abotoados.

Em um instante, passou pela cabeça da jovem um sem--número de pensamentos: entendeu toda a extensão do perigo que a ameaçava; aquele homem oculto é um ladrão, um assassino; disso não tinha dúvidas; por que senão, por que objetivo poderia estar escondido? Carolina não podia esperar amparo nem proteção: seu marido não chegaria até as oito ou nove da noite, e ainda não eram nem seis e meia. Angustiante situação; que fazer, como tomar uma decisão?

Carolina não havia falado; nem sequer se havia movido de seu assento, e certamente sua criada não teria mantido a mesma impassibilidade. Pelo que se via, o ladrão se propunha a permanecer naquele lugar até que todos dormissem e ele pudesse sair e se apoderar da soma que haveria de trazer d. Anselmo. Mas se chegasse a ser descoberto e percebesse que só tinha de lidar com umas pobres mulheres, não deixaria de sair imediatamente do seu esconderijo, e comprar o silêncio delas com a morte.

Além disso, quem sabe se a mesma criada não será cúmplice daquele homem? Alguns motivos de desconfiança, que Carolina não tinha pensado até então, apresentaram-se naquele momento à sua imaginação com as cores mais negras e alarmantes; entretanto, em todas essas reflexões, ela levou menos tempo do que eu precisei para escrevê-las.

Imediatamente tomou uma decisão e, antes de tudo, tratou de ter sempre longe dela a criada sob qualquer pretexto.

— Já sabe, disse-lhe sem que se notasse em sua voz a menor alteração, a maneira de preparar a comida favorita de meu marido. Bom seria fazê-la para ele jantar, que o pobre chegará cansado e terá prazer ao encontrar seus desejos atendidos; anda, vá imediatamente prepará-la e esmere-se, que o meu Anselmo é bastante sensível a ensopados.

— Mas, senhora, respondeu a criada; a senhora terá de ficar sozinha para fazer o menino dormir e todo o resto que falta aqui em cima?

— Sim, sim, eu farei tudo. Pode ir. Tenho certeza de que o patrão iria se aborrecer se depois de vir cansado não encontrasse um jantar ao seu gosto.

A arte de roubar

Depois de algumas outras objeções, que aumentaram a angústia de Carolina, angústia que sabia que precisava dissimular, a criada saiu do aposento, e o ruído dos seus passos se perdeu ao longe na escada. A angustiada mãe ficou sozinha com seu filho, e com aqueles dois pés que se destacavam na escuridão e permaneciam imóveis em seu lugar.

Encontrava-se junto à chaminé, com seu filho ainda sobre os joelhos, e dirigindo-lhe quase mecanicamente palavras carinhosas, enquanto os seus olhos não se separavam da terrível visão. A criança, perturbada pelo sono, inquietava-se e chorava amargamente; mas o berço estava no quarto de casal, e no quarto do casal estavam também os dois pés ameaçadores. Como ter coragem para aproximar-se, meu Deus!

A pobre mãe fez um esforço violento sobre si mesma.

— Vamos, meu filho, disse; vamos deitar-te.

E se levantou com o seu filho nos braços. Com passo vacilante, porque as pernas lhe tremiam, encaminhou-se até o quarto do casal, aproximou-se dos pés do ladrão. Colocou o menino na sua cama, acariciou-lhe com a sua voz maternal, e sua voz não tremia: tal era a violência que cometia contra si própria. Em seguida, começou a mexê-lo e niná-lo com uma canção cujo poder sonífero já foi comprovado nas noites anteriores.

E de tanto que entoou a doce e monótona cantiga, que seus lábios articulavam pela força do hábito, pensou que havia um punhal a dois palmos da sua garganta, que poderia assassiná-la sem auxílio, sem defesa.

Por fim, a criança dormiu, e Carolina voltou a se sentar junto à chaminé. Não se atreveu a sair daquele lugar, porque despertaria a suspeita do ladrão e da criada, que não podia ser menos que a sua cúmplice. Por outro lado, Carolina não queria se separar do seu filho, pois ainda que o malfeitor não resolvesse descarregar sobre ele seus golpes, que importaria? Ela não tinha coragem de abandoná-lo.

O relógio não marcava mais que sete. Uma hora ainda, uma hora pelo menos haveria de passar antes da chegada de d. Anselmo. Os olhos da jovem estavam cravados por uma espécie de fascinação aos dois pés, que são uma permanente ameaça de morte. Reinava na estância o mais profundo silêncio, e a criança dormia tranquilamente: sua mãe, com as mãos cruzadas sobre os joelhos, os lábios entreabertos, os olhos fixos e o peito oprimido, estava imóvel como uma estátua.

Não sabemos se, em seu lugar, uma amazona teria tido coragem suficiente para lutar contra o bandido; mas Carolina não tinha armas nem tampouco era valente: todo o seu valor era passivo, de reflexão, e porventura o mais raro, o mais difícil de encontrar.

De quando em quando algum barulho ao longe. Aquele ruído era para Carolina um raio de esperança; porventura seria seu marido, seu libertador. Mas rapidamente se deixava de ouvir todo som humano, e não se ouvia mais que a chuva, o vento e as árvores que açoitavam as paredes. Parecia que a pobre mãe estava sozinha no mundo tão aterrador e profundo era o silêncio!

Mas, céus! Mexem-se os dois pés!

Sairia do seu esconderijo? Não; não foi mais que um movimento ligeiro, involuntário sem dúvida, para descansar de uma posição cansativa. Os dois pés voltaram a ficar imóveis.

Voltou a soar a campainha do relógio; mas o primeiro toque vibrou sozinho e se perdeu gradualmente, sem que se seguisse o segundo. Nada mais que sete e meia! O tempo caminhava com os pés de chumbo. Oh! Quantas angústias afligiam a sua alma, quantas ardentes preces elevou ao Todo-poderoso durante aquela mortal ansiedade! Carolina apanhou um livro, queria ler; esforço inútil! A cada instante se separavam os seus olhos da página. Porventura as duas grossas solas não permaneciam no mesmo lugar?

Mas um pensamento gelou a pobre mulher como um agudo punhal. Se o seu marido não regressasse! O tempo estava péssimo. No povoado onde foi a cobrar as suas dívidas tinha vários parentes: se lhe aconselhassem que não fizesse o caminho de noite e com a bolsa bem cheia? Se ele teria cedido às suas necessidades, à violência amistosa que nada teria de particular? Deus! Ele passaria a noite fora de casa!

Oito horas, mais ninguém aparecia: a suposição que acabamos de mencionar adquiria na imaginação de Carolina uma probabilidade cada vez mais aterradora. Depois de duas horas daquele insuportável suplício, a desgraçada esposa, sustentada até então pela esperança de um próximo socorro, percebeu que sua coragem e as suas forças estavam prestes a se extinguir.

Mas de repente soou um rumor debaixo das janelas; Carolina prestou atenção, porque temia confiar em uma esperança tantas vezes falida. Mas não! Daquela vez não era um erro. A porta girou sobre as suas dobradiças e voltou a fechar rangendo: um passo bem conhecido retumbou na escada; a porta se abriu, e apareceu um homem alto e vigoroso. É ele! É ele! Naquele momento, ainda que d. Anselmo fosse o menos agraciado dos esposos, teria adquirido aos olhos da sua mulher toda a galhardia, todas as perfeições imagináveis. Ditoso ao ver a sua cara amada, apenas se deteve para deixar as suas pistolas e sua capa empapada de chuva, e estendeu os braços à sua esposa, que se atirou neles convulsivamente. Mas recuperando a sua serenidade, sem pronunciar uma palavra, levou Carolina um dedo aos seus lábios, e com a outra mão mostrou ao seu marido os dois pés que acreditavam estar invisíveis.

D. Anselmo não merecia ser esposo daquela mulher, se carecesse de decisão e sangue frio.

— Espera-me um instante, querida, disse; vou descer para buscar a carteira que me esqueci. Vou buscá-la e volto.

Não durou dois minutos a ausência de d. Anselmo, entrou com uma pistola montada, examinou o alvo, se aproximou da cama, se inclinou: em seguida com a mão esquerda pegou um dos pés, e o indicador da sua mão direita permaneceu apoiado no gatilho.

— Está morto se resistir, exclamou com voz atroadora.

O sujeito a quem pertenciam os pés não teve escolha e não pôde aventurar-se muito. Arrastado pela perna até a metade do aposento, apareceu um indivíduo de péssimo semblante, encolhido e tremendo ao ver sobre a sua cabeça a arma fatal. Imediatamente foi revistado, e se encontrou com ele um agudo punhal de um aço bem temperado. Confessou sua cumplicidade com a criada, a qual lhe advertiu que naquela noite poderia apoderar-se de uma soma considerável. Não faltava mais que entregá-los ambos às mãos da Justiça: Carolina pediu seu perdão, mas a voz do interesse público é mais poderosa que a da compaixão.

Quando d. Anselmo ouviu a cronologia do que tinha sucedido disse:

— Não achava que você era tão bem disposta, disse dando à sua mulher um fortíssimo abraço.

A arte de roubar

Mas, apesar de toda a sua bravura, Carolina foi acometida naquela mesma noite de uma violenta crise nervosa e esteve por muitos dias doente de seu heroísmo.

XXIV
Tire-a o senhor mesmo!

Estando no pátio da grande ópera de Paris certo recém--chegado àquela moderna Babilônia, sentiu um movimento que lhe fez temer pela desaparição de sua caixa de ouro. Revistou o bolso e viu com dor que as suas suspeitas não eram infundadas. Examinou então o aspecto dos seus vizinhos e não teve dúvida de que o espectador que tinha à sua direita era quem havia afanado sua linda caixa de rapé. Aproximou-se do seu ouvido e lhe disse: "O senhor acaba de roubar a minha caixa de ouro: devolva-me, ou do contrário farei um escândalo". O larápio respondeu então muito compungido e ruborizado: "É verdade que lhe fiz saltar ao senhor a caixa de ouro; mas por Deus o senhor não faça escândalo: tire o senhor mesmo a caixa do meu bolso, para que as pessoas que nos rodeiam não percebam o ocorrido". O bom homem se prestou inocentemente ao que disse o larápio; mas assim que meteu a mão em seu bolso o ladrão a agarrou com toda a força e começou a gritar: *Ladrão! Ladrão!* Todos os vizinhos, ao verem a mão pega em flagrante dentro do bolso, acreditaram que, na verdade, o roubado era o ladrão: acudiu a guarda, prenderam a vítima, a qual protestou por sua inocência, se aglutinaram os espectadores, se suspendeu a apresentação... mas o larápio e a caixa já tinham escapulido.

XXV
As bolas de bilhar

Um dos ramos da indústria francesa conhecida pela brutal denominação de *roubo*, ramo importante e tão felizmente cultivado em nossos dias, recebe ainda consideráveis perfeições nas margens do Garona. Nestes últimos dias, entraram dois *meliantes* em um café de Burdeos e jogaram umas quantas partidas. Assim que saíram, foram advertidos que tinham trocado três lindas bolas, que fizeram habilmente saltar, por outras três velhas, asquerosas e desiguais. Aviso aos donos de bilhares (*Le Temps*, 27 de novembro de 1837).

XXVI
O cômico contrabandista

Um ator escocês, decidido a abastecer-se de bom aguardente da França, sem prestar contas na alfândega, procurou uma bexiga muito grande, a qual mandou pintar exatamente como se fosse uma cobra constritora, e lhe acomodou uma monstruosa cabeça de serpente dissecada. Amarrou-se depois a cauda da bexiga-constritora em uma perna, enrolou seu corpo pela cintura e fez parar diante do peito a cabeça, na qual havia colocado dois espantosos olhos de cristal. Ao chegar ao ponto mais perigoso com respeito à vigilância dos funcionários da aduana, tirou a formidável cabeça e, por meio de uma engenhosa mola, fez mover simultaneamente seus olhos e mandíbula com admirável rapidez. Mais que depressa se retiraram os funcionários, deixando a passagem livre à cobra e ao seu patrão. O ator contrabandista preparava já seu segundo ato quando foi

A arte de roubar

descoberto pela curiosidade de sua hóspede, a qual foi encontrada uma noite, morta de embriaguês no chão, com a famosa cobra vazia nos seus braços (*Le Temps*, 29 de outubro de 1838).

XXVII
O roubo de um depósito

Três viajantes se encontram uma noite em uma hospedaria muito decente cujo dono era um homem de bem. Sabendo que na manhã seguinte, ao sair dali, tinham de passar por um bosque muito perigoso e infestado de ladrões, ainda que os três não se conhecessem, perguntaram uns para os outros se levavam algo de muito valor. Como todos os três levavam quase igual quantidade de dinheiro, tanto em joias como em metal, e devendo voltar a passar os três pela mesma hospedaria dentro de dois dias, concordaram em depositar seus pertences em poder do dono da hospedaria. Pegaram uma caixa; um colocou nela seu despertador de ouro e algumas onças do mesmo metal; o outro um relógio, seus anéis e uma porção de metal; e o terceiro seu despertador, seu alfinete de peito etc. Fecharam a caixa, cada um pôs o seu selo, e chamando o dono da hospedaria lhe disseram: "Patrão, aqui lhe entregamos esta caixa para que a guarde até depois de amanhã à noite, e não a entregue senão aos três reunidos". O patrão se encarregou do depósito e lhes jurou que não a entregaria a não ser que fosse reclamada pelos três hóspedes reunidos. Havia já uma hora que iam a caminho quando um dos três viajantes, vadio de quatro solas e meia, separou-se furtivamente da companhia dos outros dois, chegou à hospedaria e disse ao patrão: "Dê-me a caixa; quero colocar uns brincos e alguns bilhetes de câmbio

D. Dimas Camándula

de que me esqueci; lá me esperam os companheiros para que a selemos de novo, e imediatamente voltarei a entregá-la". O patrão acreditou de boa-fé, entregou-lhe a caixa, e ele desapareceu com ela por um caminho muito diferente daquele que seguiam seus dois companheiros. Estes, dando pela falta do outro, voltaram à hospedaria e exigiram que o patrão lhes devolvesse a caixa. Percebendo este que o primeiro viajante o havia enganado, e para evitar saques, disse-lhe com a maior serenidade do mundo: "Senhores, eu lhes entregarei a caixa quando estiverem reunidos os três, segundo me mandaram, e eu me comprometi". Esta resposta fez refletir os demandantes, que perceberam logo que o seu companheiro de viagem lhes havia enganado completamente.

XXVIII
Boyle e o segredo

Estando o sr. Boyle em seu palácio da Irlanda, apresentou-se um homem bem posto e pediu permissão para falar com ele. O criado respondeu que seu patrão estava ocupado; mas o sujeito insistiu e disse que tinha coisas de grave importância para comunicar ao seu amo; em vista disso foi levado ao seu gabinete, cuja porta fechou com muito cuidado. E dirigindo logo a palavra a Boyle, disse-lhe: "Tenho de comunicá-lo sobre um assunto da mais alta importância; mas me atrevo a exigir ante todas as coisas o segredo mais inviolável". Boyle prometeu sob palavra de honra guardar o segredo que era exigido. "Bom", continuou o incógnito; "mas eu não estarei tranquilo se não me jurar pela Bíblia". E sacando uma do bolso conseguiu que Boyle prestasse juramento sobre o livro santo. "Agora", prosseguiu o tunante,

A arte de roubar

"vai saber meu segredo: preciso de oitocentas guineas; dê-me o dinheiro agora mesmo, ou o mato". Esta intimação ia apoiada por uma pistola de dois canhões que apontava para o peito do sr. Boyle. Este não teve alternativa senão desembolsar a quantidade pedida. O vadio pegou o dinheiro com muita serenidade, fez uma profunda reverência e fugiu, não sem recordar antes a Boyle o juramento que fez de guardar o mais inviolável segredo.

O honrado e timorato Boyle efetivamente guardou o segredo e só depois da sua morte se soube desta aventura, anotada em seus manuscritos.

XXIX
A virgem e o soldado

Em um pequeno povoado de Silésia havia uma capela dedicada a Nossa Senhora, para a qual a devoção dos vizinhos levava continuamente retábulos, oferendas etc. Muitas destas, que eram de ouro e de prata, desapareceram. As suspeitas recaíram sobre um soldado da guarnição que visitava a capela com muita frequência. Revistaram-no e encontraram com ele dois coraçõezinhos de prata. Colocaram-no na prisão, e foi aberto um processo. Não podia negar o ocorrido, mas sustentou sempre que ele não havia roubado os coraçõezinhos de prata, mas que a Virgem Maria, que conhecia as suas necessidades e pobreza, os havia dado a ele. Esta desculpa não foi levada em consideração, e os juízes o condenaram à morte. Levaram a sentença ao rei, segundo o costume, para que a firmasse. Federico convocou alguns eclesiásticos para que dissessem se era possível que a Virgem Maria tivesse dado aquele presente ao soldado. "O caso é seguramente muito raro e singular", responderam os eclesiásticos ao soberano; "mas o poder e a misericórdia de Deus são infinitos, e não é impossível que os manifeste alguma vez deste modo em favor de seus escolhidos". Ouvida esta decisão, o rei escreveu abaixo da sentença: *"Livramos da morte o acusado, que negou insistentemente o roubo, porque os doutores da religião não julgaram impossível o favor de que ele se vangloria; mas o proibimos, sob pena de morte, de admitir no futuro ter recebido algum presente da Virgem Maria, de algum santo, seja de quem for".*

XXX
O falso agente de polícia

Os que querem se apoderar do alheio contra a vontade do seu dono precisam às vezes usar a imaginação. Não há muito, um jovem de dezoito anos recebeu na casa de um banqueiro de Paris a quantia de 1.500 francos. Voltava com ela à sua casa por um lugar muito concorrido quando se aproximou um homem alto, com uma grossa bengala, e lhe disse em voz baixa: "Um ladrão vem seguindo o senhor; mas não dê a entender que o sabe e continue o seu caminho sem inquietude, porque não perderei o senhor de vista nem por um instante: sou da polícia de segurança e quero prender em flagrante este larápio audaz". O jovem prosseguiu em seu caminho e, dali a pouco, encontrando-se em aperto pela quantidade de gente, sentiu uma mão no bolso do fraque e já ia agarrá-la quando o homem da segurança se jogou sobre o ladrão, deu-lhe um forte soco e segurou-lhe a mão em que tinha a carteira do jovem. "O senhor faça o favor", disse a este, "de nos acompanhar à casa do comissário de polícia, onde será devolvida sua carteira". O jovem seguiu o suposto agente, que com uma mão levava o larápio

A arte de roubar

e na outra a carteira. Mas perto de uma esquina, o ladrão deu bruscamente meia volta, desvencilhou-se do agente e põe-se a correr: este, por sua parte, saiu correndo para persegui-lo, e em um instante desapareceram os dois, deixando o dono do dinheiro confuso e propenso a suspeitar da armadilha que lhe haviam pregado. As suspeitas viraram certeza quando viu que o tempo passava e o zeloso agente não voltava (março de 1841).

XXXI
Os dois adereços

Certa pessoa que no dia leva uma espada e as insígnias de oficial superior (disse sr. Vidocq em sua obra já citada, p. 24) deu um calote de uma soma bastante considerável em um penhorista, do modo como vou explicar.

Mandou fazer, em Paris, por joalheiros renomados, dois adornos absolutamente parecidos: a única diferença consistia em que um deles estava guarnecido de finas pedras preciosas, e o outro de pedras artificiais, mas perfeitamente semelhantes em tudo.

O fulano foi penhorar o adereço bom e, no tempo estipulado, foi recuperá-lo. Continuou o chalante repetindo várias vezes a operação de penhorar e resgatar; por sorte o penhorista, familiarizado com o objeto que ficava em sua guarda, não examinava os diamantes. O chalante tinha muito cuidado em fechar bem a caixa que continha o objeto, e colocava seu selo; tomando esta precaução, dizia ele, para que ninguém pudesse luzir esses diamantes.

Quando acreditou haver chegado o momento de dar o golpe, foi encontrar o penhorista pela última vez e penhorou como de costume seu adorno por dez mil francos; mas, em vez de deixar o original, deixou o falso, selando como de praxe o porta-joias ou a caixa, valendo-se, entretanto, de um selo que, se bem parecia com o seu, diferia um pouco. Colou, além disso, na parte inferior da caixa um cartãozinho ou rótulo pouco visível.

Ao prazo estabelecido se apresentou para resgatar sua joia. O penhorista, contentíssimo de recobrar os seus dois mil duros, com mais razoáveis juros, tirou a caixa e a entregou ao homem. O canalha pagou e apanhou a sua caixa. "Olha", disse, após tê-la examinado por um momento; "por que colocou este rotulozinho aqui abaixo?" "Não coloquei nada", respondeu o penhorista. "Como não? Não o vê?" "Meu amigo, essa não é a minha caixa... Ai, ai, ai! Olhe, o selo tampouco é o meu." E, para prová-lo, tirou o selo de seu bolso, comprovou-o e viram que efetivamente o selo não era igual. Por fim, abriram a caixa, e o penhorista, muito satisfeito, disse-lhe: "Não vê que, apesar de tudo, vosso adereço é o mesmo?" "Está de brincadeira?", responde o golpista, "como há de ser o meu! Esses diamantes são falsos, e nunca foram meus".

Não é difícil adivinhar o resultado desse negócio. O malandro justificou por meio de uma fatura e de uma declaração do joalheiro a posse do adereço que reclamava. Suas relações anteriores com o penhorista eram além de tudo indícios de sua boa-fé. No final, o penhorista teve de chegar a um acordo com o caloteiro para evitar um processo escandaloso.

XXXII
No mesmo altar!

Na última sexta-feira (12 de abril de 1839), cometeu-se nesta capital (Paris), no meio do dia, na igreja de Santo Am-

A arte de roubar

brosio, distrito de Popincourt, um roubo de audácia pouco comum. Era perto do meio-dia, e um grande número de fiéis esperava a celebração do divino ofício. De repente, um homem que os assistentes acreditavam ser obreiro da igreja ou empregado da sacristia se aproxima do altar e, subindo em um banco ou tamborete que ele mesmo foi buscar em um canto do altar principal, pega o Santo Cristo que havia sobre o sacrário e se encaminha pausadamente para a sacristia. Mas, em vez de entrar nela, escapa por uma portinha contígua e desaparece. O bedel ou maceiro não tardou em descobrir o furto, mas felizmente o Cristo roubado não era o de prata maciça que geralmente é utilizado nas cerimônias, senão outro de plaquê (*Le Commerce*).

XXXIII
Outro pior ainda

Anteontem (18 de abril de 1839) cometeu-se um roubo extraordinário e de surpreendente audácia na mala-posta de Lyon. M. Margeul-Filleul, arquiteto que viajava naquela diligência, levava consigo uma mala que continha cerca de vinte mil francos. A mala ia no teto da diligência e, em cada parada, o cocheiro tinha o cuidado de olhar se tudo estava em ordem. Em Charenton, a última parada, tudo estava bem e em seu devido lugar, e a carruagem seguiu seu rumo. Mas, ao chegar ao pátio da casa-Correios, o toldo que cobria o teto da carruagem estava cortado horizontalmente, e a mala do sr. Margeul havia desaparecido. De pronto ninguém sabia como explicar o fenômeno, mas logo se descobriu uma espécie de máquina, da qual os ladrões se valeram para praticar o roubo.

Consistia em um grosso gancho ou âncora de ferro, em que estava pendurada numa corda com nós; o gancho ia unido por uma vara comprida, que devia servir para lançá-lo e enganchá-lo em um dos frisos superiores da carruagem. Executada essa manobra, um dos ladrões terá se segurado na corda e chegado assim até o teto da diligência, devendo supor que este teve muita destreza e agilidade, tendo em conta a velocidade que as carruagens de posta atingem. Foi feita queixa na polícia, que já deu início às investigações (*Le Commerce*).

XXXIV
Monsieur Groslichard

Um bom homem, cujo conjunto pudesse ter servido de tipo ao *sr. Bonardin*, e cuja figura de carneiro, passo tranquilo e patriarcal continência revelam a mais absoluta beatitude de espírito e total falta de paixão, veio a contar à polícia correcional de Paris por meio de que *diabólicas maquinações* teve seu relógio de bolso roubado.

"Passeava (disse) tranquilamente, sem pensar em nada, como costumo fazer sempre que passeio, quando um jovem, esse, esse mesmo que está sentado aí no primeiro banco, para em frente a mim, e com ar de alegria exclama: 'Sim, não me engano, é o bom sr. Groslichard! E, desde quando está aqui em Paris, meu bom ancião?' 'Cavalheiro', disse-lhe muito surpreendido, 'está enganado; não sou o sr. Groslichard nem tenho vontade alguma de sê-lo'. Os senhores acreditam que este cavalheirinho me deixou tranquilo? Pois nada disso, senão que novamente se obstinou de forma encarniçada em batizar-me *Groslichard*. Em vão voltei a dizer-lhe que não tenho um sobrenome tão ridículo e que me chamo Gorjonnet, contribuinte do Estado, habitante da Rua Bertin-Poirée: ele não por isso desiste dessa ideia, que então não compreendia, e que logo compreendi até demais. Se me atira ao pescoço, me abraça, me beija, mas, de verdade, aqui, nas duas bochechas, como faria um filho que não vê seu pai por muitos anos. Consegui por fim desembaraçar-me de suas efusões; mas a coisa não parou por aí. 'Vamos', disse-me; 'já percebi que não é o meu antigo mestre Groslichard'. 'Não percebe? Bem sabia que ele recobraria o juízo, porque eu sou Gorjonnet'. 'É o mesmo', replicou; 'o senhor parece tanto com o meu respeitável Groslichard, o que me educou na minha tenra infância, que é preciso voltar a abraçá-lo na sua homenagem'. E é aqui que de novo me aperta e amassa entre os seus braços. Naquele instante, outro jovem que estava com ele lhe disse: 'Acaba de uma vez, Augusto; não vês que estás incomodando a esse bom homem?' Devo dizer ao tribunal que essas palavras pareceram muito sensatas; e como Augusto não me soltava, seu amigo começou a tirá-lo de mim, e a mim dele; com isso, perdi o equilíbrio e faltou pouco para eu não cair no meio da rua. Por fim, me vi livre, e se despediram. Estava eu arrumando a minha roupa e a gravata quando se aproxima de mim outro indivíduo dando-me um tapinha nas costas e interpelando-me.

"Acreditei que era algum outro que ia confundir-me com o demônio do sr. Groslichard e cheio de cólera cheguei a dizer-lhe até impertinente: 'Cavalheiro, peço-lhe o favor de me deixar em paz'. Não demorei em arrepender-me da minha esperteza quando aquele indivíduo me disse: 'Acabam de lhe roubar o relógio'. 'Por Deus!', exclamei. 'Não se apresse', acrescentou aquele honrado cavalheiro; 'meu camarada seguiu os ladrões e tem já em seu poder vosso relógio'. De fato, os dois malandros já estavam presos e me devolveram o relógio... Aqui está... é um relógio de família, mais seguro que o sol... À uma e vinte e um minutos... (*Olhando o relógio da sala do tribunal.*) Acredito que o vosso atrasa um pouco."

Sr. Presidente: — Não tens mais a acrescentar?

O demandante: — Oh! Sim, senhor: logo que tive o relógio fui embora dando graças a Deus por viver em um país tranquilo e civilizado, onde em cada rua se encontram agentes da polícia.

A fatos tão claramente narrados, Augusto Denizet e Antonio Perrodin não puderam opor sequer uma negação. Ao contrário, com asqueroso cinismo, confessaram a acusação imputada a eles. "Quando não se tem mais carreira que a de ladrão (disse Augusto), o importante é exercitá-la tanto como for possível... Desta vez fomos apanhados; outra vez talvez sejamos mais felizes... Pena encontrar-se ali a polícia...! O golpe estava lindamente combinado."

Diante de tamanha profissão de fé, o tribunal devia se mostrar severo. Assim é que os dois acusados, que já outras vezes tinham sido julgados, são condenados a três anos de prisão e cinco de regime semiaberto (*Gazette des Tribunaux*, abril de 1839).

XXXV
O instrumento que não toca

Os empregados de uma das barreiras de Paris notavam fazia algum tempo um deficiente que se arrastava em uma carreta, na qual levava um órgão de Berberia de certas dimensões. Aquele homem, contudo, não tinha as características de um mendigo comum, e os empregados resolveram espiá-lo, pois tinham advertido que jamais se detinha para tocar o órgão, nem para implorar pela piedade dos que por lá passavam. Ontem (5 de março de 1839) se apresentou numa das barreiras ou portas mais frequentadas de Paris, e havendo nela um grande tropel de carruagens, um dos empregados da porta tentou, por diversão, dar umas voltas no órgão, o qual não emitiu nenhum som. Foi revistado o interior da carreta e, nesse momento, nosso deficiente tirou as suas duas pernas da carreta que pareciam muito sólidas e se lançou a correr deixando seu disfarce de mendigo. No interior do órgão encontraram tabacos e outros vários artigos sujeitos a impostos, que foram confiscados.

Alguns dias atrás, aconteceu outro episódio análogo sobre fraude. Um negociante dos arredores de San Martin tinha um charmoso e grosso mastim, que lhe foi roubado havia alguns meses. Encontrando-se o negociante por acaso em uma casa de campo que tem perto de Paris, ficou não pouco surpreendido ao ver chegar seu cachorro coberto por um envoltório de pele que continha uma porção de tabaco de contrabando de excelente qualidade (*Le Commerce*).

XXXVI
Um conselho de amigo

Anteontem de manhã (3 de janeiro de 1838), o jovem doutor Eujenio L. acabava de subir em um elegante tílburi quando um homem de uns trinta anos, muito bem vestido e com a faixa da legião de honra no caseado da casaca, chama à porta da casa. Um criado com libré sai e lhe diz que o doutor não voltaria para casa até a noite. "Que desgraça!", exclamou o cavalheiro, mostrando-se estar vivamente contrariado... "Vai deixar de fechar um negócio tão bom...! O meu querido Euje-nio vai sentir muito...! Cabalmente eu hoje não posso voltar. Bah! Entrarei em seu escritório e lhe escreverei quatro linhas."

Dizendo isso, o cavalheiro de faixa encarnada se encaminha à escrivaninha do doutor, seguido pelo criado. Instala-se no sofá como se fosse um amigo íntimo, pega uma pluma e co-meça a escrever um bilhete. Logo que acaba a primeira linha, ouve soar com violência a campainha da porta. O criado foi a abrir. Quem chamava era um intitulado doente que queria consultar seus males ao doutor L. e lhe foi dito que voltasse à noite. Quando o criado voltou ao escritório, o cavalheiro lhe entregou uma carta fechada e dirigida ao seu amigo Eujenio, com um *urgente* em letras garrafais.

Ao seu regresso, o doutor L. abre a carta e lê o seguinte:

"Cavalheiro, não procure o relógio que deixastes esta manhã em cima da chaminé... Eu o tenho no meu bolso e iria lhe custar muito encontrá-lo. Vosso criado não é um ladrão, mas é um grande cúmplice que deixa que o roubem quando está fora. Aconselho-o que o demita... Atrevo-me a esperar que seguirás esse conselho de amigo, em troca do presente que eu mesmo me dei a vosso custo nesta manhã.

Vosso atento servidor – CAPDEVILLE, *ladrão*.

P.S.: Esse é um nome de guerra" (*Le Droit*).

XXXVII
O cavalheiro galante e a cômica

No *Journal du Commerce*, de 14 de junho de 1835, lê-se o seguinte caso, copiado do *Bulletin de Paris*:

A arte de roubar

"Madame Boulanger, ex-atriz do teatro da ópera cômica, esteve a ponto de ser vítima de uma maquinação infernal nestes últimos dias. Em um anoitecer da semana passada, aquela senhora estava sozinha, como de costume, sentada em um dos bancos no baluarte dos italianos, respirando um pouco de ar que às vezes nos traz o crepúsculo vespertino de um dia ardente. Havia transcorrido apenas meia hora quando um cavalheiro, muito elegantemente vestido e de finos modos, tomou assento junto da madame; guardou silêncio por algum tempo, e logo começou: 'Se não me engano, tenho a honra de falar com a madame Boulanger?' 'Efetivamente', contestou a atriz. 'Mas como é possível, madame, que tenhas resolvido abandonar os cenários, quando neles recolhias tão ricos como bem merecidos louros?' E logo, sem aguardar resposta, agregou: 'Ao menos é de se esperar, madame, que fará desfrutar a sociedade da sua presença, da qual nos haveis tão brutalmente privado: não duvido que no mundo receba igual brilhante acolhida como no teatro'. Vejamos: o que respondem os senhores a expressões tão delicadas? Madame Boulanger havia experimentado de repente aquele sentimento de repugnância que as senhoras naturalmente têm em relação a todos os homens que, sem conhecê-las, procuram-nas e provocam-nas com a audácia que só lhes dá a mais ridícula presunção: mas este era de sobremaneira fino, e tudo revelava nele um cavalheiro atento, um homem de salão. Madame sustentou, pois, a conversação como uma senhora bem educada e de muito tato. Poucos minutos depois, fixou o cavalheiro o olhar na bolsa ou ridículo que a madame havia deixado ao seu lado, apanhou-o, examinou-o, fez mil elogios de sua graciosa feitura e voltou a deixá-lo no seu lugar. Por fim, madame Boulanger se levantou e se dispôs a ir embora. Nosso dândi, como bem o presumirá o leitor, ofereceu-lhe o braço, alegando que era perigoso para uma senhora sozinha se aventurar de noite pelas ruas de Paris. Madame Boulanger se negou a aceitar o braço; o desconhecido não insistiu, saudou profundamente a dama e foi embora.

"A madame chegou à sua casa, procurou as chaves dos quartos interiores na bolsa e não as encontrou. 'Será que as perdi?', disse, e mandou o zelador a um chaveiro. A porta foi aberta... a fechadura, arrumada... Madame Boulanger começou a realizar o seu *toilette* da noite quando viu no espelho duas cabeças misteriosas que assomavam detrás das cortinas do quarto. Estremeceu-se, mas rapidamente recobrou seu sangue frio, continuou colocando seus papelotes, e logo, aparentando ter esquecido alguma coisa, passou à sala, abriu com sigilo a porta e, ansiosa, desceu para contar ao porteiro o que tinha visto. Juntaram-se os vizinhos, chamaram a guarda e se encaminharam ao quarto, encontrando nele duas cabeças muito seguras. Eram as cabeças de dois homens armados com punhais, e com uma penca ou molho de chaves falsas... Mas qual foi a admiração de Madame Boulanger ao reconhecer em um daqueles dois culpados o seu moço elegantíssimo do baluarte dos italianos!

"É de supor que os dois meliantes estavam bem determinados a pôr mãos à obra se tivessem encontrado resistência. Sr. Boulanger, filho, que vive na casa da sua mãe, e que ainda não tinha se retirado na hora em que ocorreu o lance, teria sido provavelmente assassinado por aqueles gatunos, pois era o único capaz de se opor a seus perversos desígnios."

A arte de roubar

XXXVIII
O oficial debochado

Sr. N., oficial de um dos regimentos da guarnição de Paris, passeava dias atrás pelo Jardim de Plantas quando, junto à girafa, encontrou duas jovenzinhas, cujo ar tímido e decente chamou sua atenção. Começou uma conversa, e nosso galante oficial, depois de desempenhar o papel de amável *cicerone*, soube se insinuar tão bem e cair nas graças de uma daquelas jovens, chamada Agueda Loisnier, que ela aceitou ir ver o militar em seu próprio alojamento, onde passava às vezes longas horas, tanto de dia como de noite.

Mas como neste mundo de malandros tudo tem um fim, e como o sr. N. notou que a sua conquista era muito menos inocente do que ele em princípio havia acreditado, uma manhã intimou Agueda que parasse com as suas visitas. Depois das lágrimas de costume, Agueda se retirou, manifestando-se tão afligida com aquela ruptura que o oficial quase se arrependia de sua dureza de coração. Mas logo querendo vestir-se, encontrou, ou melhor, não encontrou nem seu relógio, cujo alarme fazia Agueda entreter-se ao fazê-lo vibrar, nem o bonito alfinete de diamantes que a mocinha também admirava.

Quem era o ladrão? Não podia ser Agueda, porque sua honradez... Mas, por fim, o oficial decidiu ir contar o lance e revelar as suas suspeitas ao comissário de polícia do distrito de *Hôtel-de-Ville*, de quem depende o modesto quarto da Rua Fourcy, para onde Agueda havia transportado seus penates. O comissário, sr. Vassal, homem assaz pouco crédulo sobre o capítulo dos inocentes, dirigiu-se à casa de Agueda em companhia do demandante e dispôs um primeiro registro, que foi

113

infrutífero. Mas levando seu rigor até exigir a exibição do que continham os bolsos, deles saíram o relógio e o alfinete. Os objetos foram devolvidos ao seu dono, que com muito pouca satisfação supôs então que a sua cândida conquista, ainda que com apenas dezoito abris, havia sido condenada já quatro ou cinco vezes por roubo.

Quando a menina ia sendo conduzida para a cadeia da prefeitura, conseguiu pegar um canivete e o cravou no lado esquerdo do abdômen do oficial; mas afortunadamente as feridas foram superficiais (*Le Messenger*, 12 de maio de 1836).

XXXIX
O joalheiro e a escrivaninha

Um sujeito chega a Hamburgo (era 1812 ou 1813). Na hospedaria onde se alojou seu criado não fala nada além dos milhões que possui seu patrão e do casamento que este vai fazer, e que vai, segundo diz, acrescentar ainda às riquezas daquele opulento personagem. A conduta do patrão não desmente as palavras do criado; paga com exatidão e mais que generosamente; parece que o ouro não lhe custa nada. Quando o sujeito acreditou ter conquistado certa confiança, mandou chamar o dono da hospedaria; e tendo se apresentado este, disse-lhe que desejava comprar várias joias para a sua futura, mas que, não tendo conhecimentos em Hamburgo, pedia o favor de que indicasse algum dos joalheiros mais bem sortidos e mais conceituados da cidade. Envaidecido com tal prova de confiança, o dono da hospedaria não hesitou em agradar o seu hóspede e lhe recomendou o sr. Abrahan Levy. O vagabundo foi à casa desse joalheiro e lhe encomendou o valor de 150 mil francos em joias.

A arte de roubar

Chegado o dia da entrega, o sujeito, ainda que indisposto, levantou-se contudo e saiu *en negligé* para receber o joalheiro no seu salão. Depois de ter examinado atentamente os adereços, os brincos, os anéis etc., colocou tudo em uma das gavetas de uma magnífica escrivaninha ou *secretaire* de cilindro, fechando com muito cuidado, deixando, entretanto, a chave na fechadura. Feito isso, tocou a campainha para dizer ao seu criado que fosse buscar a chave de um cofre que estava no mesmo salão. O criado não respondeu, o nobre personagem ficou impaciente e voltou a tocar a campainha, mas o criado não compareceu. Furioso, o patrão então se levantou para ir buscar ele mesmo a chave de que necessitava.

Após quinze minutos, ele ainda não voltou. "Não voltou até agora:, diz o joalheiro ao empregado que o acompanhava; "isso está começando a me preocupar". "Deveria se preocupar", responde o empregado, "se ele tivesse levado as joias; mas estão aí na escrivaninha e não há nada a temer: paciência; talvez lhe tenha ocorrido alguma urgência das impreteríveis ao ir buscar seu criado". "É verdade, meu querido Braccmann", respondeu Abrahan Levy, "não há por que me inquietar; embora (tirando o relógio) já tenham se passado 35 minutos que saiu. Tão longa ausência me é incompreensível, e se ligássemos para ele?!". O empregado é do mesmo parecer, e ambos chamam o monsenhor, mas ninguém responde. "Mas a chave está na escrivaninha", diz sr. Abrahan; "e se a abríssemos?!". "Oh! Não, senhor Abrahan: se entrasse e nos surpreendesse revisando a sua escrivaninha, poderíamos ficar mal." O joalheiro se conforma, mas, enfim, após 45 minutos de espera, decide chamar os criados da hospedaria: estes acodem, procuram o personagem e não lhe encontram em parte alguma: por último, abrem a escrivaninha. Imagine o leitor se é possível a estupefação do pobre Abrahan Levy quando viu que o fundo da escrivaninha e a parede à qual estava encostada haviam sido perfurados, e que os buracos davam atrás da cabeceira da cama do quarto contíguo, por onde os diamantes haviam sido escamoteados. Em vão se correu à procura dos ladrões, os quais haviam escapado por outra porta, e se achavam já à distância de Hamburgo quando o joalheiro Abrahan Levy percebeu que haviam lhe roubado.

Um dos dois personagens que representaram este mau momento está atualmente em Paris, onde vive assaz sossegadamente. Creio que se corrigiu (Vidocq, em sua obra já citada).

XL
Uma mãe enganada

Eis aqui uma nova lição para as mães muito crédulas. Nestes últimos dias se apresenta um indivíduo em um povoado perto de Grenoble, na casa da mãe de um soldado em exercício. Ele diz: "Madame, a senhora tem um filho que se chama Augusto, caçador. Pois bem, vosso filho tirou uma licença ilimitada e viria vê-los quando, a uma légua da Cuesta de San Andrés, entra em uma taberna, bebe e, bêbado, não quer pagar a conta. A garçonete insiste, e o agarra pela gola da casaca; ele dá tapas na garçonete e a derruba no chão. Ela se põe a gritar que a mataram; chegam uns oficiais, Augusto briga com eles, fere--os gravemente a pedradas, mas recebe também um sabraço e consegue escapar. Refugiou-se em casa, e o tenho escondido na adega: fizeram uma revista, mas não o encontraram. Já vês que o assunto é sério e que não pode continuar escondido em casa sem me comprometer. Venha logo comigo, traga o necessário para disfarçá-lo, e vamos" "Mas onde está o meu Augusto?" "Não posso dizer. Venha, e os acompanharei".

A boa mãe, aflita com a desgraça do seu filho, arruma depressa um pacote de vestidos para disfarçar seu filho e pega dinheiro para pagar o médico que o curou. Quando chegam aos arredores de San Lorenzo, nosso golpista diz à infortunada mãe: "tenho aqui uma diligência para fazer; dê-me vinte francos que hei de devolver, pois, ao chegar à minha casa eu os pagarei; espere-me, não se mova daqui; volto logo". A pobre mulher dá os vinte francos e ainda permanece aguardando o salvador do seu filho (*Courrier de l'Isére*, abril de 1836).

XLI
Aparição de Satanás[19]

Parece incrível que os tribunais do reino vizinho, assento da civilização da Europa, sejam o teatro onde se representam cenas que, se passassem diante de nós, bastariam para que nos chamassem *anacronismo europeu*, como já o fazem, querendo indicar, com isso, o atraso em que nos supõem com respeito aos adiantamentos do século.

Juan Grangé, natural do município de Bruges, distrito de Nay, que, apesar de ser armeiro de ofício, não deve sem dúvida ter inventado a pólvora que ia abastecer suas armas, recebeu pequena parte de uma herança; e se bem é certo que os baús que lhe couberam não continham barras de prata nem ouro, ele

---

19 Copiamos este evento da *Gaceta de los Tribunales*, jornal que se publicava em Madri, exemplares correspondentes a 24 e 25 de abril de 1841.

descobriu, em compensação, uma mina oculta na décima quinta folha de um livro intitulado CIPRIEN MAGO ANTE CONVERSIONE SALAMANCA, ANNO 1400, impresso em francês e em um latim muito ruim e adornado com figuras mágicas, cabalísticas e diabólicas. Nesse livro indicavam um meio seguro para conseguir, com a cooperação do diabo, um montante de dezoito milhões. Não há dúvidas de que é agradável possuir receitas tais; mas nosso ambicioso ignorava o modo de fazer uso dela e se viu obrigado a se dirigir a Ferrand Lagrange, antigo feiticeiro aposentado e muito agraciado pelo afeto de sua majestade infernal, disposto sempre, como estão sempre os favoritos, a proporcionar por dinheiro a graça ao seu senhor.

Lagrange declarou bom e legítimo o livro; mas, segundo dizia, faltava-lhe um requisito essencial, e nada menos que a aprovação do demônio Tesaurizado, autorizada com sua própria assinatura e escrita de seu punho e letra. Lagrange ofereceu obtê-la do infernal ministério pela módica quantia de quinhentos francos (cerca de dois mil reais), e justificou que tal quantidade era necessária para insurgir os espíritos malignos.

O aldeão, tão crédulo como avarento e sabendo que a entrega deste capital lhe oferecia tamanho lucro, não lhe parecia suficiente nem o agradava o bastante a satânica garantia. Sua desconfiança o fez titubear, mas logo entrou em acordo; e por fim, depois de muitas idas e vindas, se resignou a dar os quinhentos francos e acertou com o agente em que dia realizar-se-ia a entrega. Como era Semana Santa, e imaginaram que a *consciência* do demônio estaria mais comovida pela música lúgubre dos templos, e julgando-lhe por essa razão mais acessível que de costume, determinaram que se realizaria o contrato em um dos dias da dita semana. Mas o maligno espírito encontrou

A arte de roubar

um meio de adiar o assunto, que não teve efeito até a noite de 3 de setembro de 1840.

Deixamos a cargo de Pedro Gassies, testemunha e ator do drama, fazer-nos a descritiva figura desta mágica cena.

"Depois de ter jantado na casa de Lagrange, diz, que nos agradou com várias tocatas de violino, executadas por ele mesmo, colocou nas mãos de cada uma das pessoas um ramo de artemísia, planta que tem a virtude de proteger de ataques do espírito maligno, e, presididos pelo mesmo Lagrange, demos volta em procissão em todo o jardim. Era perto da meia-noite quando entramos na cozinha, e Lagrange estendeu em cima de uma mesa uma toalha branca; colocou ainda uma vela apagada e os quinhentos francos em cincos maços: teve cuidado de inquirir escrupulosamente se estávamos em estado de graça, pois do contrário iríamos nos expor a grandes perigos, e fazendo-nos pôr logo de pé, conservando sempre na mão o ramo de artemísia, traçou um círculo ao redor, advertindo-nos para que tomássemos cuidado para não sair dele, sob pena de fazer uma viagem ao inferno.

"Feitos esses preparativos, Lagrange começou a gesticular, dando fortes golpes sobre a mesa, chamando e dizendo: HARO, HABARÓ, HALOF, e mandando comparecer o satanás em forma humana. Bastante tempo depois o mago empurrou a porta e apresentou um indivíduo com aparência verdadeiramente diabólica. Alto, magro, vestido com uma calça encarnada e uma fantasia de dragão, com uma espécie de capacete de pele de carneiro negro na cabeça. Pendia da sua cintura um saco vazio, e notei que tinha uma cicatriz na mão; por certo que o tal amigo não podia se gabar de seu bom humor.

"'Atormentas-me', disse aquele, para arrancar-me uma assinatura. Saibamos, pois, o que me vais dar em troca.

"Lagrange lhe indicou os maços que continham os quinhentos francos.

"'Dinheiro! Valente coisa; será porque me faz falta, quando agora mesmo tenho sessenta milhões no meu castelo de *Mal-fait*: o que eu quero, e há de me dar agora mesmo, é um desses homens'.

"E fazendo gestos, quis vir para cima de mim.

"'O que me pedes', respondeu Lagrange, 'é impossível, porque esse homem não me pertence'.

"'Pois bem, dá-me o outro... Ou dá-me aquele'.

"E parecia querer lançar mão alternativamente umas vezes a Grangé e outras a Grassies.

"Como o círculo a que estávamos reduzidos era muito pequeno, víamo-nos obrigados a apertarmo-nos mutuamente para nos protegermos uns aos outros.

"Por fim, o diabo se tranquilizou e saiu do quarto pedindo três minutos para refletir: passados estes, voltou a entrar com um pequeno pergaminho quadrado, que entregou a Lagrange, embolsando o dinheiro.

"Chegou por último o momento de ir-se embora, e aqui foi Troia: não queria passar pela porta, e tão rapidamente parecia querer sair pela chaminé como pelo buraco da fechadura: depois de um longo debate, Lagrange conseguiu, ainda que com muito trabalho, mandá-lo embora pelas vias normais.

"É de advertir que tudo isso se conversou em francês, porque sem dúvida o diabo não sabia falar *patois*. O pergaminho que deixou estava escrito com tinta negra e encarnada e concebido nestes termos:

A arte de roubar

"*Prometo* fazer o quanto *quiseres* dois dias na *semana*, a saber: *quarta-feira* ao meio-dia e às duas da manhã; sexta-feira às nove e à meia-noite. *Aprovo* teu livro e te outorgo minha autêntica assinatura."

Aprovado. — Lucifugo Rofócalo.

Em posse dessa aprovação, que o mesmo diabo havia escrito no fim do livro, Grangé voltou para casa e se pôs a trabalhar sem descanso, cavando mais e melhor no seio da montanha, onde uma antiga tradição do país supunha que havia muitos tesouros enterrados; mas, por mais que mexa de cima abaixo, o tesouro não aparece. Consultou então outros dois bruxos de notória fama, Carayou de Tolosa e Dumail de Montrejau, e este último, zeloso pela honra de sua profissão, declarou-lhe sem preâmbulos que ali não havia tais tesouros, nem mais enterros naquelas escavações que as da sua razão, tempo e dinheiro.

O infeliz, desenganado, jura que o golpista há de lhe dar conta por esta trapaça; mas Lagrange o despachou a toque de caixa e o obrigou com sua pouca elegância a denunciá-lo.

Este registrou uma queixa contra o feiticeiro; mas, como era esperado, não foi possível pegar o diabo.

O defensor de Lagrange teve de se calar ao ver um couro de tambor que foi encontrado em sua casa, com uma abertura quadrangular, na qual vinha perfeitamente o pergaminho em que estava estampada a rubrica do satânico assinante. Grangé não foi a única vítima daquele malandro, pois, segundo parece, havia muitos que cobiçavam o prometido tesouro e, para consegui-lo, faziam-lhe adiantamentos, não economizando palavras em suas promessas quando lhe gratificavam bem.

A dívida que contraiu com a sociedade seria paga com dezoito meses de expiação, e haveria de ser mais se a razão tivesse tribunais especiais, pois tudo isso passou no ano da graça de 1840, e a menos de dois quilômetros (uma légua) de Orthes. Não devemos acreditar que os que se têm deixado enganar tão facilmente sejam desses brutos fáceis de manipular como se quer. Todos os que participaram neste processo fazem suas declarações com notável facilidade de dicção, e um deles é nem mais nem menos que uma notabilidade, um elemento da máquina *governamental*, sobre o qual pesa o cuidado de escolher a cada cinco anos os legisladores a quem estão encarregadas as leis do reino.

A fé que as pessoas dos povoados têm nessas bruxarias faz parte de sua crença.

Parecia que Grangé tinha pagado bastante cara sua sandice e que deveria ter se desenganado de seu erro: nada disso; acredita somente que foi vítima de um bruxo de má-fé: devolva a ele seu livro mágico que pede a vocês, e do qual não queria se desfazer nem por dois mil duros, e o verá tentar novamente o diabo e a fortuna.

Os juízes interrogaram sobre o mesmo assunto outra testemunha que também havia tentado socavar a montanha para desenterrar o tesouro, que se supõe encontrar-se debaixo dela.

"Que tal", perguntaram, "não encontrou o filão?"

"Cá!", respondeu. "Não havia aprofundado o bastante..." Provavelmente esteja ainda aprofundando.

XLII
O andar precipitado

Em um pequeno povoado da França se apresentou poucos anos atrás um charlatão, oferecendo uma apresentação teatral, na qual ele sozinho faria todas as personagens. O salão de

A arte de roubar

baile se tornou imediatamente um teatro; dispôs-se todo o necessário, e num domingo à noite, que era o dia marcado para a representação, estava já a sala cheia de gente quando o nosso charlatão se apresentou manifestando aos espectadores que ia dar início à representação da peça intitulada *A marcha precipitada* e se retirou em seguida. Os espectadores aguardaram quinze minutos, meia hora, uma hora; olharam-se uns aos outros e, por fim, foram buscar o ator, que havia já representado muito bem *A marcha precipitada*, já que havia ido embora com o dinheiro dos ingressos, deixando enganada a numerosa plateia que o aguardava.

XLIII
Meio de comer quando não há dinheiro[20]

Juan B., que sem dúvida é ou deve ter sido estudante, estava atacado de achaques cujas complicações tinham certa gravidade: fome e sem dinheiro no bolso. Esses males, que não curam médicos nem boticários, colocaram em cena os recursos de uma imaginação aguçada pelo apetite; mas tudo o que esta lhe gerou como melhor expediente é o que não teria ocorrido a nenhum de nós: fazer um convite! A ideia era verdadeiramente original, mas eficaz para matar a fome, e ele convidou dois amigos seus para almoçar. Os dois amigos aceitaram satisfeitos, e os três se encaminharam para o melhor restaurante na Rua Dauphine.

Os pratos que lhes serviram foram abundantes e delicados, e os vinhos, extraordinários: tudo foi às mil maravilhas. No fim do almoço, B. pediu cigarros, oferecerem-lhe medianos, não

---

20 Dos jornais de Paris, maio de 1841.

quis aqueles, mandou que lhe trouxessem os melhores e por último se impacientou e saiu do salão em busca de melhores cigarros: mas, como terão imaginado sem dúvida os nossos leitores, o novo anfitrião fugiu.

Até aqui o mal não era de consideração, porque os convidados tinham dinheiro no bolso, e coisas poderiam acontecer, em rigor, por uma artimanha, ou seja, por um empréstimo forçoso; mas quando, cansados de esperar, os dois jovens pediram a conta, decididos a pagá-la sem repugnância, o dono do estabelecimento, a quem a ausência prolongada do terceiro indivíduo havia infundido veementes suspeitas, contou os talheres e encontrou um a menos, que tiveram também de pagar. Os amigos, temendo sem dúvida que a justiça não fosse tão ativa como eles o desejavam, dirigiram-se à casa de B., a quem encontraram tranquilamente dormindo a sesta, com a metade dos excelentes cigarros na boca. Aqueles amigos, ingrata amizade! Sem a menor consideração o apanharam pela gola da camisa e o conduziram ao depósito da prefeitura.

XLIV
O riso do romancista

Outra noite, um dos nossos mais ilustres romancistas, sr. de Bal..., estava em sua casa, mas acordado. Um ruído na fechadura lhe faz girar a cabeça e, à luz da lamparina de noite, enxerga um ladrão que forçava a sua escrivaninha. O lance era crítico. Sr. de Bal... começa a rir. O ladrão, acreditando ter sido descoberto, suspende a sua obra. Sr. de Bal... solta uma gargalhada ainda mais forte. "De que ris?", pergunta-lhe o impaciente ladrão. "De que estou rindo? Pois não é de rir, imbecil, ver-te vir

A arte de roubar

assim, de noite, a tatear, com uma chave falsa, arriscando-te a ser mandado à cadeia, a buscar dinheiro em uma escrivaninha onde eu mesmo não posso encontrá-lo de dia, abrindo-a com toda a comodidade, e com a sua verdadeira chave!" (Paris, janeiro de 1841).

XLV
O proscrito

Sr. Bourguignon é vinheiro, não o mais famoso do país do qual tem a honra de ser homônimo, senão do modesto e fértil território de Argenteuil, cujo vinho goza de brilhantíssima reputação entre os sedentos consumidores da nossa feira.

Proprietário de um dos melhores solos, Bourguignon não se limita, contudo, a vender sua própria colheita, comprando a dos seus vizinhos; faz o comércio de vinhos em grande escala, e pode, sim, gabar-se, enaltecer-se de ter a melhor adega do povoado e dos arredores.

Faz três ou quatro dias (a meados de outubro de 1837), um fulano de boa aparência se apresenta na casa de Bourguignon, deseja experimentar os seus vinhos de primeira qualidade e diz que, se encontrar o que veio buscar, comprará em grande quantidade. O bom negociante se alegra em receber o tão amável paroquiano: passam imediatamente às adegas; o chalante tira a indispensável taça de prata lavrada e procede à degustação dos diferentes vinhos, com aquela solenidade tradicional própria e exclusiva dos expertos-jurados-catadores-inteligentes no ramo.

"O vinho não é forte", disse, após uma longa experimentação; "mas é claro, fresco e de bom gosto: não me desagrada. Diga-me o último preço e será negócio fechado".

Bourguignon relata seus preços; regateia-se, discute-se e, por fim, o catador acerta quarenta pipas.[21]

O negócio é excelente para o vinheiro; tira da adega uma garrafa de reserva, daquela que não sai à luz mais que para festas solenes; brinda-se a consumação do acordo e, assim entre muitas palavras e quase se descuidando, o comprador faz saber que é genro do sr. Perducet, o célebre comerciante de vinhos da *Corne de Cerf*, Rua das Sept-Voies, que tantas adegas próprias possui em diversos pontos de Paris.

O comprador é um homem elegante, resoluto em seus tratos, simples e jovial: assim caiu em graça de dona Bourguignon, chamada familiarmente no país de *Bourguignotte*; e ao separarem-se são já tão amigos que o comprador fica convidado para ir almoçar sem cerimônias, em família, no dia seguinte, quando levará o sinal e escolherá definitivamente as pipas de vinho.

No dia seguinte, tudo estava revirado na casa do vinheiro, e a sra. Bourguignon, contentíssima, não cabia em si para receber o genro do sr. Perducet. Às dez, chega o amável convidado com um taleigo, o qual ele entrega a Bourguignon, dizendo-lhe: "Aqui vai uma parte do pagamento, o trato é à vista; e amanhã, ao vir buscar o vinho, meu empregado lhe dará o resto do valor estipulado". O vinheiro conta as moedas, guarda-as em sua escrivaninha e senta-se logo à mesa, onde todos manifestam alegremente a intenção de dedicar ao acordo o confortável almoço preparado.

A mulher do vinheiro de Argenteuil é uma cozinheira inteligentíssima e prática e, ao devorar um substancioso fricassê

---

21 *Pipa* é uma antiga unidade de medida para líquidos equivalente a 4,972 hectolitros. (N.E.)

A arte de roubar

feito pelas suas mãos e que ela mesma serve com orgulho, o comprador faz saber aos seus anfitriões que efetuou a compra dos vinhos porque lhe urge sair no dia seguinte para a Itália, com o objetivo de realizar várias cobranças e resgatar importantes juros.

Os pasmos anfitriões se extasiam de gosto pensando no delicioso que será fazer uma viagem pela Itália. "Não há que temer os Lazzaroni? Não é verdade que os salteadores interceptam todos os caminhos? O Papa dá a sua bênção grátis?". Enquanto essas perguntas e outras mil se sucedem e cruzam com as respostas do convidado, entra precipitadamente na sala de jantar um homem de aspecto bastante miserável e fecha atrás de si a porta com uma viveza mesclada com espanto.

Levantam-se os comensais a tão brusca aparição, mas o homem fica de joelhos e, com sotaque estrangeiro e clamorosa voz, suplica que não o entreguem aos seus inimigos. "O que quer? Do que se trata?", pergunta o vinheiro confuso e aturdido. Diz então que é um refugiado italiano e que, tendo fugido do depósito que por residência a polícia lhe tinha dado, dirigia-se a Paris, onde contava com alguns meios para procurar dinheiro; mas que, havendo sido descoberto e vendo-se prestes a ser capturado, saiu a correr pelos campos até a entrada do povoado, onde, tendo-o alcançado a polícia, ia ser preso impreterivelmente quando o desespero lhe induziu a invadir a casa para pedir socorro e asilo.

Esse relato enternece a sra. Bourguignon; o refugiado parece estar rendido de cansaço e muito necessitado; vai convidá-lo para que descanse e tome alguma coisa quando o genro do sr. Perducet, que segundo parece não é tão sensível, chateia-se em ver que assim foram perturbar a alegria do almoço e manifesta

D. Dimas Camándula

que existem mendigos e farsantes dessa espécie por todos os lados. Ao ouvir a palavra *mendigo*, o refugiado se levanta como por uma comoção elétrica. Levanta com orgulho sua cara pálida de indignação e com tom nobre e firme responde que é desgraçado e proscrito pela santa causa de que são vítimas os Silvio Pellico, os Andryane e os Confalonieri, mas que não mendiga, nem pedincha, nem merece tal injúria.

"Vou provar-lhes", acrescentou, "que não mendigo o pão da caridade e que as circunstâncias políticas e as reações dos partidos são as únicas causas do cruel desamparo em que me encontro: aqui tens contra o banco de Gênova um título de crédito ao portador, que já teria negociado se tivesse podido entrar em Paris. Mas a sorte se obstina em perseguir-me e feliz considerar-me-ia em vender até este título pela metade do seu valor".

O genro do sr. Perducet examina o documento e, fingindo estar confuso, trata de escusar a vivacidade de seu gênio. A sra. Bourguignon, que, por fim, se vê já em liberdade de seguir os compassivos impulsos de seu coração, convida o proscrito a sentar-se, e todos juntos voltam a sentar-se à mesa. O comprador parece que está *discorrendo* sozinho e consultando alguma coisa. "Cavalheiro", disse de improviso ao italiano, "você quer alienar esse título e eu provavelmente o compraria, pois nos próximos dias passarei por Gênova; mas a dificuldade está em que não levo bastante dinheiro comigo. Amanhã ao amanhecer me ponho a caminho, e para acertar o trato seria preciso que você viesse imediatamente comigo a Paris".

O estrangeiro se escandaliza ao ouvir as últimas palavras: "impreterivelmente vão me prender". A polícia tem as suas identificações e sua filiação; de nenhum modo quer arriscar a sua liberdade. "Não sei, pois, como isso poderia ser resolvido", diz o comprador; "aqui tenho uma remessa da qual entreguei a conta ao patrão e que amanhã poderia lhe devolver quando vierem buscar o vinho; mas o título é de dez mil francos, sem os juros, e meu taleigo não traz mais que a metade dessa soma... Diabos! Desculpe, o trato poderia lhes interessar".

"Quem sabe?", Bourguignon interrompeu "talvez eu pudesse completar o que falta. Vê, mulher, toma a chave".

A sra. Bourguignon sai e tira em um instante a soma necessária, e esta é entregue ao proscrito. "Não esquecerei esta delicadeza, amigo", disse o comprador, apertando a mão do vinheiro, "mas guarde o título, que é o mais justo: amanhã irás o entregá-lo ao meu empregado quando ele trouxer o dinheiro".

Bourguignon está ainda esperando. Vendo que no dia seguinte ninguém compareceu, tentou saber do valor do título, cujas charmosas vinhetas e enormes selos lhe haviam inspirado dupla confiança. Hoje já sabe a que se ater: o interessante proscrito era um malandro; o comprador de vinhos, que usurpava respeitavelmente o nome de genro do sr. Perducet, não era mais que um compadre; e é pouco provável que a queixa que fez nos tribunais lhe devolvam o pretendido crédito contra o banco de Gênova (*Gazette des Tribunaux*).

XLVI
Duplo roubo

Vamos contar aos nossos leitores uma aventura matrimonial que poderia muito bem servir de assunto para uma peça dramática e que, entretanto, é um fato histórico. Faz pouco tempo, um artista se casou com uma jovem de vinte abris, que, sem dúvida, ao entregar sua mão não pensou em deixar morrer de desespero um estudante da sua idade que estava perdido de amor por ela: não demorou muito o marido em conhecer que havia infração no contrato, e na primeira emboscada apanhou os jovens em flagrante delito. "São uns infames", disse-lhes. "Eu poderia matá-los os dois, mas quero uma vingança mais notável. Espero, cavalheirinho, que não sejas tão covarde em recusar um duelo comigo." O estudante aceitou a provocação, e combinaram de reunir-se no dia seguinte em um local com testemunhas e pistolas. Na hora marcada nosso artista já estava no lugar combinado com dois amigos, mas esperaram inutilmente por um longo tempo: já iam se retirar quando chegou um emissário que deu em mão do ofendido um bilhete escrito nestes termos:

"Cavalheiro, eu poderia matá-lo depois de ter usurpado a sua mulher, e isso seria espantoso. Resolvi, portanto, deixá-lo com vida: por esta ação saberás que não sou um tigre; mas quero levar minha generosidade mais adiante e, já que conserva vossa existência, para que não seja penoso me encarrego da vossa mulher, da qual não voltará a ouvir falar. Vosso etc."

Quando o artista voltou à sua casa, descobriu que com a sua linda esposa tinham desaparecido todos os objetos de algum valor que tinha nela e, além disso, uma soma de dinheiro que tinha em uma escrivaninha, cuja fechadura violaram (*Diários de Paris*, 1841).

XLVII
O ladrão distraído

Dizem que os ladrões ingleses são sumamente destros e audazes; mas têm melhor criação e mais perfeição que os de outros países. Quando vão pedir a qualquer pessoa a bolsa ou

A arte de roubar

a vida, começam por fazer uma grande cortesia e nunca roubam um relógio sem dizer à vítima antes que perdoe pela liberdade que estão tomando.

Na aventura seguinte, não nos parece que o ladrão manifestou aquele sangue frio, aquele hábito de refletir sobre tudo, que se destaca nos naturais da Grã-Bretanha.

Um cavalheiro atravessava um bosque situado ao longo do caminho: atraído pelas charmosas vistas que ia encontrando, não resistiu à tentação de fazer ali um pequeno alto e sentar-se a contemplar as maravilhas da natureza; mas, em lugar de fazê-lo, ou ouvir a doce harmonia das aves, o *gentleman*, que provavelmente não tinha uma imaginação muito romântica, adormeceu como um passarinho. Quando acordou, viu diante de si um sujeito de aparência nada *fashionable* e que tinha em mão uma pistola cuja boca lhe apresentava. Essa aparição não o divertiu muito; mas, fazendo das tripas coração, perguntou-lhe com o maior cuidado o que ele desejava. "A bolsa, *if you please*". O viajante tirou a bolsa e entregou-a; mas vendo que não ia embora, disse lhe: "Quer o senhor mais alguma coisa?". "O relógio, *if you please*."

O paciente tirou o relógio e o entregou em mãos ao ladrão, que lhe fez uma grande saudação, mas não foi embora. "O que tem o senhor outra coisa que me pedir?" "O lenço, *if you please*." "Que dúvida tem? Com muitíssimo gosto." No instante tirou o lenço e o deu ao ladrão, que o meteu no seu bolso e finalmente foi embora.

O *gentleman* se levantou e, refletindo sobre como é mau deitar-se a dormir nos bosques, tratou de sair daquele; mas não tinha andando dez passos quando viu outra vez o ladrão com a sua pistola preparada e sempre cheio de gentileza. "Ficou-

-me alguma coisa que seja do gosto do senhor?", disse-lhe o *gentleman*. "Sim, *milord*: refleti que esta roupa está mais nova que a minha, e seria bom que trocássemos, *if you please*." Sou da mesma opinião, e sinto muito por não ter percebido antes." Nesse instante tirou a roupa; o ladrão fez o mesmo: cada um colocou a roupa do outro e, feita a troca, desapareceu o ladrão, e o roubado começou a andar.

Quando chegou ao caminho real se olhou dos pés à cabeça e lhe pareceu que poderia suceder que fosse confundido com um ladrão. Mas como fazer para ter outra roupa? Enquanto refletia, meteu naturalmente as mãos nos bolsos e encontrou, quem diria, sua bolsa, seu lenço, seu relógio e, além disso, um maço com cinquenta guineas.

Ao trocar de roupa, o ladrão se esqueceu de revistar seus bolsos e, por este descuido, ele mesmo se encontrou roubado.

XLVIII
A casaca do general

Eis aqui um roubo que supõe tanta astúcia como sangue frio.

Um general, que acabava de passar uma revista com seu charmoso uniforme, suas cruzes e condecorações, entra em um dos mais famosos *restaurants* de Paris com dois dos seus amigos para comer e pede uma sala separada. Imediatamente se apresenta um jovem que diz à ama da casa que ele é criado do general e que lhe servirá à mesa. Dão-lhe um guardanapo, e entra em funções.

Serve a sopa, o cozido, os molhos e, quando encontra a ocasião propícia, verte de propósito sobre o uniforme do general o molho de um prato que servia e faz naquele uma mancha descomunal. Levanta-se o general furioso, o falso criado se atira aos seus pés, pede-lhe mil desculpas, suplica-lhe que não dissesse nada, porque o despediriam, e lhe assegura que, se quer tirar o uniforme, ele poderia levá-lo à casa de um tira-manchas, vizinho e célebre químico, que em vinte minutos o deixaria como se tais coisas não tivessem acontecido. O general, não querendo fazer perder o emprego aquele pobre diabo, a quem tem por garçom da casa, aceita e pede que lhe emprestem uma bata para acabar de comer, até que o tira-manchas despache o uniforme. O falso garçom do restaurante e falso criado do general corre à ama da casa e lhe pede a bata do seu marido para o general usar enquanto dura a operação de tirar a mancha do uniforme, cuja história ele conta a ela. A senhora empresta a bata, o falso garçom a entrega ao general, e este a veste e entrega o uniforme para a dita operação. O intitulado criado, à vista de todo mundo, leva a charmosa casaca e ainda diz à ama da casa, que está no balcão, que mande continuar o serviço por outro dos seus garçons, porque ele ia esperar até que estivesse concluída a operação do tira-manchas.

É inútil acrescentar que o pseudocriado e o uniforme não voltaram a aparecer.

XLIX
Perigosa aventura de um oficial

Da curiosa obra intitulada *Les filles publiques de Paris, et la Police qui les regit*, do sr. F. A. Beraud, ex-delegado de polícia de Paris, encarregado especial do ramo de costumes (Paris, 1839, dois vol. em 8°), tiramos o seguinte relato do lance histórico e verídico:

D. Dimas Camándula

"Certo jovem oficial saía uma noite de uma das casas de jogos talvez mais decadentes que os lupanares, e na qual, por raríssima causalidade, tinha ganhado muito ouro. Passava ele pela Ponte Nova (ou *Nove*, para dar o gosto aos etimologistas) retirando-se ao seu alojamento, que estava numa casa nas imediações de San Jerman. Era tarde e, embora aquele ponto central de Paris costumava ser muito frequentado, a ponte estava solitária e silenciosa: na época a que me refiro não estava ainda iluminado como hoje em dia. Nosso oficial seguia na calçada da esquerda. De repente, apareceu uma sombra humana dentre umas pequenas torres, hoje em dia lojas. À medida que avançava, pronunciava-se mais a sombra; acreditou no fim ver uma mulher que meditava sinistros projetos. Nesse instante, arremeteu-se a ela e se encontrou com uma interessante jovem que, soltos os cabelos e desordenadas as suas roupas, ia atirar--se ao Sena.

"O oficial a deteve pelo braço, perguntou-lhe os motivos de uma determinação tão imprópria para a sua idade e a sua beleza e até apurou a sua eloquência em consolá-la e fazê--la voltar a si. Aquela mulher, a quem não conhecia mais que há uns instantes, e a quem apenas distinguiu na escuridão, exaltou a sua imaginação e inflamou seu peito quando, aparentando querer se desgrudar dos seus braços, exclamou com sotaque desesperado: 'Deixe-me por Deus, cavalheiro! Abandonaste a uma filha renegada pela mãe! Minha mãe, a quem tanto estimo, quer me sacrificar, obrigando-me a tomar por esposo um homem a quem detesto. E por quê?... Porque esse homem é rico, e porque eu não conto mais que com o trabalho das minhas mãos para atender à nossa subsistência: minha mãe, minha pobre mãe, rica também um dia, não pode sofrer as privações que nos impõe a indigência... Eu prefiro a miséria a esse matrimônio com um homem que não me inspira mais que ódio... prefiro a morte...'

"Ao pronunciar estas últimas palavras, reiterou os esforços por desgrudar-se dos braços do seu salvador, fingindo que queria atirar-se ao rio.

"O bravo oficial a abraçou com mais força, com aquela força convulsiva que dá o amor, e lhe disse: 'Menina, você não será esposa do homem a quem detesta. Eu verei a vossa mãe, falar-lhe-ei: se quer ouro, ouro tenho para vós e para ela. Apanhe meu braço, vamos, diga-me onde mora. Vamos, vamos que já demoramos demasiado para eu ir ver essa mãe, para devolver-lhe uma filha, e reconciliá-la com ela: vamos, e acredite que sou capaz de tudo para fazer que desista de se sacrificar...'".

Generoso oficial!...

"Rapidamente chegaram a uma rua isolada, detrás do cais dos *Grands-Augustins*. A jovem chamou suavemente à porta de uma cocheira de uma casa de aspecto regular: abriu-se a porta e instantaneamente voltou a fechar-se uma vez que entraram. Nosso entusiasta não via nada, nada suspeitava: entregue por inteiro aos seus novos sentimentos, seguia com amor e confiança a mulher que tais afetos lhe inspiravam. Os dois atravessaram um primeiro pátio e depois um segundo pátio, e subiram uma escada que os conduziu a um corpo do prédio separado do edifício principal, cuja parte de trás dava em um jardim.

"Chegados ao primeiro andar, ao extremo de um longo corredor, chamou a jovem à porta da frente. Uma senhora de idade avançada, de nobre postura, mas severa, abriu por si mesma a porta, levando na mão a lamparina. Ao ver a sua filha

D. Dimas Camándula

acompanhada de um jovem, repreendeu-a fortemente; mas deu entrada a um e ao outro. A filha queria atirar-se aos pés da mãe, mas esta a repeliu. Interveio o oficial, fez um patético quadro do desespero da moça, exortou a mãe para que com a sua resistência não obrigasse a sua querida filha ao suicídio e se ofereceu, por fim, a ser o amparo e sustento, o protetor de dois seres que doravante lhe seriam tão caros como a vida. Tem ouro e diz isso abertamente, doa... dará também o seu coração e sua mão...

"A mãe afeita a enternecer-se; levantou a sua filha, perdoou-a em obséquio do seu bravo e leal cavalheiro e lhe disse que acompanhesse este a um quarto com chaminé que lhe indicou. Ela foi se ocupar de alguns afazeres domésticos, para voltar logo a lhes fazer companhia até que o jovem se retirasse sem *comprometer a reputação* daquelas damas, *único bem que lhes resta!*...

"A alegria e a gratidão brilhavam nos olhos da nossa heroína, salva das ondas e ditosa com o perdão da sua mãe. Estendeu a mão ao oficial e lhe conduziu a uma sala contígua. Ali não havia terceiros inoportunos, ali já não devia ter freio a expansão dos seus *sentimentos*. Atirou-se aos braços do seu salvador, de seu amigo, de seu amante; grudou os seus braços com os do oficial e lhe cobriu de carícias. Desapareceu toda continência para ceder o lugar a uma paixão violenta e arrebatadora. O jovem oficial participou do seu delírio e se embriagou de prazer. Quão doces eram para ele aqueles instantes! Apressavam os beijos quando, ao ouvir dois golpezinhos na porta, a menina correu a ver o que ia turbar a sua paixão: era a mãe.

"Desde aquele instante a conversação girou sobre a passada opulência da dama, sobre os problemas presentes e sobre a miséria do amanhã, porque a perseguia um credor desalmado, e este credor era precisamente o que queria se casar com a sua filha. O oficial reiterou seus oferecimentos, repetindo que podiam dispor de seu dinheiro, e as damas aceitaram.

"O relógio de Nossa Senhora (a Catedral) dava as três da madrugada. Todos os inquilinos da casa e do bairro dormiam sossegados. Sentiu-se um ruído longínquo; a mãe e a filha se estremeceram, levantaram-se espontaneamente e pediram licença para deixar sozinho um instante o jovem oficial. Saíram as senhoras. O oficial não reparou no estremecimento, um movimento espontâneo; não reparou que davam duas voltas à chave que fechava a porta da sala.

"Passaram-se quinze minutos, e o oficial atiçou a lenha da lareira para se distrair. Olhou seu relógio; já tinha passado meia hora, e se impacientava. As senhoras não regressavam: que faziam? Apanhou o lampião, revisou a sala e se deteve ante uma madeira ensamblada artisticamente lavrada, mas que lhe fez suspeitar da existência de uma porta secreta. Percorreu com sua mão a superfície daquela madeira e tropeçou com um botãozinho o qual apertou. Aquele botão acionou uma fechadura que cedeu à pressão, e se abriu a porta. Dava a um corredor estreito, não muito comprido e sem saída, em cujo extremo havia uma porta. Abriu a segunda porta... Veja! Um cadáver ainda ensanguentado, estendido sobre uma cama, que no dia anterior talvez presenciou as últimas convulsões da vítima. Sangue no chão, sangue! Sangue nas paredes! O oficial retrocedeu espantado, voltou a fechar a porta, olhou o chão do corredor... e também sangue! Sangue por todo o lado!"

Rasga-se, por fim, o véu que cobria os seus olhos; descobriu a emboscada; já sabia a sorte que lhe espera. Tão espantosas combinações no papel representado por aquelas mulheres! E, contudo, aquela jovem parecia tão franca nas suas carícias e tão ardorosa no seu amor! E naquele mesmo instante a sangue frio pensava nos preparativos do assassinato a quem estreitava contra o seu coração!

"Nosso oficial entrou na sala tremendo, pensando se o tinham visto sair, pois então já não ficava esperança de salvação. Mas não, silêncio e nada mais que silêncio: ninguém tinha regressado à sala. Fechou a porta dissimuladamente e refletiu sobre sua espantosa posição. Sem perspectiva de socorro possível, em um lugar isolado, sua imaginação era tanto mais rápida e impetuosa quanto mais iminente o perigo. Correu a porta de entrada da sala e, ao querer abri-la, apercebeu-se de que estava trancado. Sacudiu-a com força, com raiva, ouviu-se o ruído ao longe, e chegou sem dúvidas aos ouvidos dos monstros que planejavam seu assassinato, pois acudiram a mãe e a filha. Mas as suas fisionomias não tinham já aquele caráter de afetuosa dignidade e amabilidade que em um princípio ofereciam. Seus olhares eram sombrios e notava-se certa violência na sua postura. O jovem oficial não as via senão com certo horror súbito, acrescido pela aparição de um personagem sinistro que deslizava pela sombra e que desaparecia como um fantasma: era o instrumento do crime, era um dos seus infames sicários, encobridores das rameiras e executores de seus projetos homicidas.

"Entretanto, nosso oficialzinho, longe de se imutar, exclamou com um tom da mais franca simplicidade: 'Mas que houve, minhas queridas senhoras? Não regressavam, deixastes-me sozinho... Aconteceu alguma desgraça? Não me escondam nada; meu braço, minha vida estão às vossas ordens.' 'Muito obrigado, cavalheiro oficial', contestou a velha: tu te alarmaste sem fundamento. Mas o ruído que fizeste contrariou-me muito: se os vizinhos o tivessem ouvido, minha casa poderia ser prejudicada.' 'É que durante vossa ausência refleti sobre vossas confidências e sobre nossas relações futuras. Quero sem demora restabelecê-las na vossa antiga posição social: na escrivaninha da minha casa tenho uma carteira com cinquenta mil francos em vales ao portador: não estou tranquilo nem o estarei até que tenha colocado em vossas mãos dita quantia, minha querida senhora. Vou buscá-la; mas como a esta hora da noite é tudo muito perigoso, permitam-me que deixe aqui minha carteira, meu relógio e meus anéis; não levarei mais que a espada para defender-me em caso de ladrões: em vinte minutos estarei de volta.' Ao ouvir essas palavras tão mágicas para a feroz cobiça das duas harpias, amansaram-se como que por encantamento. Após novas amostras da mais lisonjeira gratidão e após uma nova expansão de amor, farsa a que se prestou o oficialzinho o menos mal que lhe permitiam as circunstâncias, a filha lhe acompanhou até a porta da rua retouçando e pedindo-lhe que voltasse logo.

"Abriu se a porta da cocheira; os seus pulmões se dilataram, respirou a seu sabor; já estava na rua, já estava salvo.

"Partiu como um raio em direção à delegacia de polícia. Acordaram ao magistrado que, na época que aconteceu este episódio, ocupava o primeiro lugar naquela administração, e inteirado de que era coisa urgente, recebeu o oficial, que contou sua perigosa aventura.

"Uma vez que o tenente general de polícia pensou um instante, mandou chamar um dos agentes que estavam de serviço fixo na delegacia, e que era de toda a sua confiança, dando-lhe em segredo certas ordens que haviam de ser executadas no momento. "Cavalheiro oficial", disse o magistrado, "já que haveis dado às senhoras a palavra de regressar, deveis cumpri--la: prometeu-lhes levar vossa carteira, leve-a também: tenha nela mais ou menos cinquenta mil francos, não importa: não te assustes, tudo corre pela minha conta."

"Nesse instante o oficial vacilou, mas, fiado da notória prudência do magistrado, resolveu ir e obedeceu em silêncio, uma vez recebido do tenente general da polícia uma carteira, dinheiro e armas para defender-se.

"Voltou a fazer o caminho para a horrível toca; entrou outra vez na casa; voltou a ver aquela sala horrível; sem lembrar-se dos prazeres que teve em razão da sua generosa cegueira. De que maneira asquerosa lhe pareciam agora aquelas duas mulheres!

"Contudo, tentou estar o mais solto possível; mostrou--se jovial, galante; derramou o ouro sobre a mesa, ia abrir a carteira... quando de repente se ouviu o ruído dos vidros da varanda partidos com violência. Ouviram-se multiplicados passos no corredor; a porta da sala se abriu tempestuosamente; vários agentes de polícia, auxiliados por força armada, se apoderaram da mãe e da filha; e outros agentes prenderam dois indivíduos de sinistra estampa, cúmplices dos monstros femininos. Estas se atreveram todavia a protestar contra a invasão da sua casa: e então o oficial exclamou: 'Quanta audácia! Sigam-me, senhores, vamos penetrar naquela cova infernal, onde essas malvadas acreditavam sepultar seus hediondos crimes. Sem dúvida estava eu predestinado pela Providência para descobrir o mais espantoso mistério!'

"Abriu imediatamente a porta secreta, seguido dos agentes de polícia e da tropa, arrastando consigo os culpados. No gabinete negro, na presença do cadáver, as duas mulheres exalaram lamentosos gritos, agitaram-se e pareceram realmente espan-

A arte de roubar

tadas pela cena, não pelo remorso, senão do temor do castigo que já não poderiam evitar.

"Tudo mudou de aspecto na casa: o oficial recolheu o que lhe pertencia e devolveu ao agente principal de polícia as armas e o dinheiro que lhe tinha entregado o tenente geral. Os assassinos e as prostitutas foram conduzidos à cadeia: as mobílias e as portas da casa foram seladas.

"Como esse lance horrendo teve pouca publicidade durante os debates judiciais, e pouco aparato quando os réus foram castigados, deu margem a diversos comentários que deixarei ocultos, porque não parecem autenticamente fundados.

"Mas em nossos dias se tem visto que homens de todas as idades, jovens de todas as condições sociais têm desaparecido vilmente assassinados em casas de prostituição, por rufiões, a raça mais abjeta na esfera da depravação humana, miseráveis assalariados pelos produtos da imoralidade e que vivem debochadamente à custa das prostitutas, com todo desleixo, e alguns até com luxo. Isso basta, ao meu juízo, para justificar-me por ter escrito este caso no meu livro."

L
O frade e a pistola

Um frade volta ao seu convento de Meudon, irmão com votos de pobreza, carregado com tudo o que pode recolher em sua comarca. Sai ao encontro dele um ladrão que, pistola em mãos, dá-lhe a escolher entre o dinheiro ou a vida. O religioso suplica, ora; tenta demonstrar ao ladrão que aquilo era perda de tempo; que um frade tinha bem pouco que dar etc., mas o ladrão insiste, faz-lhe esvaziar suas mangas, seus alforjes, seu cepo, soma tudo junto uns duzentos francos, e vai embora. Então, ocorre-lhe ao frade chamar o ladrão e lhe diz: "Irmão, vou lhe pedir um favor, que espero não me negue. No convento duvidarão talvez deste lance quando o conte: assim que o estimaria se me facilitasse algum documento ou alguma prova para justificar o que me aconteceu". "E que diabo queres que faça ou que lhe dê?", contestou o ladrão. "Dê-me um tiro de pistola em qualquer parte do hábito para poder dizer que tive alguma resistência." "Então, a meu sinal", respondeu o ladrão, "estende o hábito". Estendendo-o o frade, dispara o ladrão. Mas, vendo o religioso que a bala não tinha transpassado o hábito, diz o ladrão: "Não fizemos nada; não se vê o tiro". "É que a pistola estava carregada só de pólvora", disse o ladrão... "quis lhe fazer medo, e não mal". "Mas não tens mais armas?" "Não, padre." A essas palavras, enche-se de coragem o frei Robustiano, joga-se em cima do ladrão e, certo de que já não havia arma de fogo no meio, atingiu-lhe as costelas a socos, deixando-o quase morto no mesmo lugar da cena. O frade recolheu seu dinheiro e seguindo seu caminho foi cantar vitória no convento.

LI
O taberneiro devoto

Era um taberneiro com todas as aparências de um bom cristão: ia à missa todos os dias, confessava a cada quinze, era membro de duas confrarias e uma arquiconfraria etc. Estava, pois, o bom taberneiro pela noite em sua despensa, sentado junto a uma mesa imunda, contando os centavos que havia ganhado em um carteado que acabava de jogar, como de costume, com três companheiros da mesma estirpe, que se retiraram às

A arte de roubar

nove da noite, hora final da tertúlia da taberna. Contou até cinco quartos e meio de lucro e depois chamou a sua mulher: "Eulália! Colocaste água no vinho?" "Sim." "Pimenta na aguardente?" "Também." "Gesso no sal?" "Sim." "Misturaste o sebo de carneiro com a manteiga salgada?" "Já está." "Colocaste serragem na pimenta?" "Está tudo pronto." "Então entre para *rezarmos o terço* e nos deitarmos."

LII
Um amigo ladrão

Não faz muito tempo que eu participava em Sevilha de uma das reuniões mais cobiçadas da cidade; e como o burburinho não era excessivo, estava muito agradável, e nada prejudicial, entretenimento da sociedade. E como a reunião da que falo estava composta das pessoas mais célebres da capital da Andaluzia, percorríamos com frequência todos os estilos da literatura, política, costumes locais, criticando ao nosso melhor gosto, mas com boa intenção, tudo o que nos parecia digno de crítica e venerando poucas vezes as não muitas coisas que nos pareciam dignas de veneração.

Uma noite não sei quem resolveu averiguar os nomes dos homens mais eminentes que haviam feito nossa revolução e, depois de ter declarado por unanimidade que eram muito poucos ou nenhum, concluímos também, de consequência em consequência, que eram muitos os que tinham pescado em rio revolto e os que tinham ocupado lugares de consideração pelos méritos e serviços do Redentor.

"Tome", disse um, "isso nada tem de extraordinário. Deve ter existido uma centena de ministros desde a morte de Fernan-

D. Dimas Camándula

do VII e cada um deles com seus amigos íntimos, seus parentes e seus camaradas, a quem haviam necessariamente de dar uma colocação, e que não todos podiam ser *colocáveis*".

"Senhores, senhores", disse um dos presentes, que até então não havia palpitado, "falam das vantagens que pode proporcionar o fato de se ter como amigo um ministro ou alguém colocado em alto posto. Eu concordo com tudo isso, ainda que não tenha tido ocasião de experimentar; mas estou seguro de que nenhum personagem favoreceu tanto ao seu melhor amigo como eu consegui fazer com um amigo *ladrão*".

"Ladrão?" – exclamaram todos.

"Ladrão, nem mais nem menos. Ladrão conhecido e perseguido pela Justiça."

"Que coisa extraordinária! Conte-nos o senhor como aconteceu."

Aquele que de tal modo havia conseguido despertar a curiosidade da reunião era um jovem de aproximadamente 28 anos, de muito boa aparência, e que parecia riquíssimo. Todos o rodearam, e ele começou a contar do seguinte modo:

"Se há um homem, senhores, que podem chamar de feliz sobre a terra, sou eu. Casado com uma mulher que adoro, e que possui todos os dotes de uma boa esposa, gozando de tantas vantagens que podem proporcionar a opulência, apreciado por meus amigos e tendo uma tranquilidade de consciência que por si só basta às vezes para constituir a felicidade, só desejo que a Providência estenda até mim sua mão, não para adquirir, mas para conservar. Mas costuma-se dizer que a sorte não está longe dos dedos da desgraça, e eu provei por mim mesmo até um ponto pouco comum.

"Teria eu apenas 20 anos quando morreu meu pai, que sobreviveu muito pouco tempo à morte de minha mãe. Ainda

A arte de roubar

que houvesse desempenhado em sua longa carreira muitas magistraturas de primeira ordem, foi tão pouca sua fortuna, ou tanta a sua honradez, que só deixou ao seu filho único por herança um nome sem manchas. Não sei qual foi a minha sorte, acostumado como eu estava a uma cômoda existência e às liberdades da vida da universidade, a não me ter vindo ver poucos dias depois da morte de meu pai, d. Baltasar Cifuentes, amigo antigo da minha família e um dos comerciantes mais ricos e confiáveis de Málaga. Deu-me consolos com muito afeto e, passando a falar do meu futuro, propôs-me entrar em seu escritório e em sua casa, onde poderia, além de ganhar honrada subsistência, abrir-me caminho para uma carreira de sucesso. Aceitei a sua oferta cheio de reconhecimento e não tardei muito em aproveitar-me dela.

"Os senhores todos leram muitas novelas e terão experiência de mundo de sobra para que eu me detenha para explicar-lhes como meu anfitrião tinha uma filha muito jovem e linda, e como chegamos a nos apaixonar perdidamente. Só direi aos senhores que, consultando eu o meu amor mais que o conhecimento da sociedade, que não me faltava, recorri a d. Baltasar e, descrevendo-lhe detalhadamente minha paixão, pedi-lhe a mão de sua filha, não deixando de assinalar que, se minha fortuna não era igual à dele, meus ânimos eram muitos, e meus esforços seriam extraordinários.

"D. Baltasar era, como bom comerciante, aritmético por excelência; e, fazendo imediatamente uma simples soma, demonstrou-me que a sua única filha, herdeira de uma herança de milhões, era quantia muito superior a mim, por mais que fossem adicionados a mim todos os dotes físicos e morais que se pudesse imaginar. 'Por isso', prosseguiu dizendo d. Baltasar,

D. Dimas Camándula

'já perceberá que é preciso esquecer esse capricho, e pensar somente em proporcionar-te, com o trabalho, uma sorte independente. Quanto à minha filha...'

"'A filha do senhor me ama e...'

"'Eu não duvido de modo algum; mas sei também que é uma menina sensata, que não irá se opor ao que é justo. Agora, nada quero ocultar-te, e assim te direi outra razão, bastante sem sorte, que me impede de aceder aos teus desejos. Tenho oferecida a mão da minha filha ao seu primo Alejo, que tem uma fortuna pelo menos igual à minha, e não deve tardar em chegar da América para que se realize o casamento.'

"Ao ouvir tão triste novidade, enchi-me de aflição. Meu anfitrião me consolou com muita bondade, mas com aquela indiferença com que os velhos olham as paixões da juventude e já não compreendem, e que tratam como costumamos todos tratar os caprichos da infância. A única coisa que daquela conversa pude eu deduzir foi que d. Baltasar se manteria firme em seu propósito, tanto por sua palavra comprometida ao primo quanto porque não imaginava dar à sua filha e a mim mais que um lamento passageiro e de nenhuma transcendência.

"Sinto muitíssimo não poder poetizar minha narração ponderando o desespero que de mim se apoderou, nem as tentativas de suicídio que jamais me passaram pela imaginação. O que posso dizer é que me resignei com a minha desgraça chamando para me socorrer o amor próprio, que me proibia, sendo pobre, pretender uma mulher rica. Enfim chegou o priminho Alejo, convenceram a jovem, a qual teve de ceder às instâncias de seu pai, e se marcou o casamento, dando o noivo à sua futura esposa um presente tão rico em vestido, joias e diamantes que foi a admiração de toda Málaga. Chegado o dia do casamento, pedi licença a d. Baltasar para ir passar dois ou três dias em uma pequena quinta perto da cidade, que era a única herança que me havia deixado o meu pai. Concedeu-me com grande gosto, e eu saí de casa com uma dor profunda. Antes de sair da cidade entrei em um café com a intenção de tomar alguma coisa, pois ia cair a tarde e estava sem comer nada desde o dia anterior. Não havia muito que estava sentado à mesa, e apenas com os meus tristes pensamentos, quando se aproximou de mim um jovem de muito boa figura e vestido com a maior elegância, que, depois de me examinar com atenção, disse: 'Cárlos Mendoza!'

"Olhei-o então com curiosidade, e não sem trabalho reconheci um antigo companheiro meu de quarto no colégio do Sacro-Monte de Granada, com quem tinha feito grande amizade, e cujo paradeiro ignorava. 'Hipólito Diaz!', exclamei.

"'Eu mesmo, em carne e osso.'

"Abraçamos-nos e, sentando-nos lado a lado, começamos a recordar as nossas aventuras passadas e nossa amizade. Perguntou-me a causa de minha aflição e não hesitei em contar-lhe ao pormenor. Ouviu me com atenção e se interessou por minha desgraça. Propôs-me vários arbítrios para atrapalhar o casamento com o primo; mas todos eram inúteis, posto que, segundo lhe disse, naquela mesma noite devia ser realizado o casamento na casa de d. Baltasar. Ficou um instante pensativo e, levantando-se de repente, exclamou, partindo: 'Não, pois eu atrapalharei a tua desgraça'.

"E, sem fazer caso das vozes com que lhe chamavam, saiu do café.

"Não bem havia partido quando se aproximou respeitosamente de mim um oficial de justiça que o meu pai havia protegido muito e me perguntou se eu conhecia bem aquele jovem que acabava de se separar de mim e se chamava Quintero. Respondi que não, dizendo seu verdadeiro nome, e que era companheiro meu do colégio; e sem esperar mais saí do café e me dirigi muito devagar à quinta.

"A noite havia caído muito escura e os anúncios de uma forte tempestade eram evidentes quando cheguei à quinta abatido de corpo e de espírito. Fechei-me em um retirado quarto onde me assaltaram muito rápido lúgubres pensamentos, muito em harmonia com a solidão do lugar e com o estampido do trovão que, acompanhado de abundante chuva, inundava a atmosfera. Não posso dizer quanto tempo estive nesta situação, a mais triste que experimentei na minha vida, quando veio a me sacar dela o ruído de uma carruagem que parou na porta e as aldrabadas que deram nela. Atendi, sobressaltado com tão estranha novidade, e só tive tempo para tomar em meus braços uma mulher desmaiada que me foi entregue por um homem desconhecido, que voltou a partir na carruagem com a maior rapidez, sem que nada fosse dito. Aturdido como estava com aquela cena muda que se passou em muito menos tempo do que necessitava para percebê-la, pude, entretanto, perceber o estado da mulher que tinha em meus braços. Colocando-a em um assento, comecei a prodigar-lhe socorros, não ficando pouco assombrado ao reconhecer Luisa, a filha de d. Baltazar. Aos poucos, voltou a si, e seu assombro ao me reconhecer foi igual ao meu, não conseguindo compreender como se encontrava ali: perguntei-lhe então ansioso o que havia acontecido, e me contou que, quando estavam reunidos em uma sala seu pai, seu primo e as testemunhas para celebrar o casamento, examinando o magnífico presente do noivo, entraram quatro homens armados e mascarados que, rendendo os presentes, roubaram tudo o que ali havia e, tomando-a um em seu braços, saíram da casa rapidamente e a fizeram subir em uma carruagem que a conduziu desmaiada de susto até a quinta.

"No entanto, seguia a tempestade com fúria nunca vista, e por mais que fosse o desejo que tinha Luisa voltar à casa de seus pais, ainda seria necessário, vendo a hora avançada e o estado do tempo, esperar em minha companhia até que amanhecesse, hora em que nós dois sozinhos, com braços dados e com grande admiração dos curiosos que nos viram, entramos na cidade e chegamos à casa de d. Baltasar.

"Impossível seria descrever a alegria do bom homem com o inesperado achado da sua filha. Esta lhe contou o que se tinha passado, e o semblante do honrado comerciante turvou, não acertando em achar que eu não tivesse feito parte de tudo aquilo. Contudo, após refletir um pouco, pareceu ocorrer-lhe uma ideia e, dando-me a mão, disse-me com uma convicção que toda a vida irei lhe agradecer:

"'Sem o roubo, eu não poderia menos que suspeitar de ti.'

"A notícia dessa aventura correu bem rápido pela cidade, e o noivo de Luisa, não acreditando poder se casar com uma mulher que havia passado, ainda que involuntariamente, uma noite fora de casa, devolveu a sua palavra a d. Baltasar, e vencido este pelos pedidos da sua filha e dos meus, consentiu com o nosso casamento.

"O primo, que tinha feito queixa dos autores do roubo, conseguiu descobrir que havia sido ordenado e dirigido por um tal Quintero, cujo paradeiro foi impossível saber.

"No dia seguinte ao meu casamento, recebi uma carta concebida com estes termos:

"'Querido Cárlos: jurei fazer-te feliz e cumpri. Que tua felicidade não te faça esquecer o teu amigo:

Hipólito Diaz."'

"Então foi ele o autor do roubo e rapto da esposa do senhor?" – perguntaram todos.

"Ele mesmo", respondeu o narrador; "após investigações e recolhendo todos os indícios, consegui saber que Diaz, meu companheiro de quarto no Sacro-Monte, era o mesmo Quintero, perseguido pela Justiça e processado em diferentes lugares por roubos tão atrevidos como o que eu acabo de contar aos senhores".

"E o senhor não voltou a ter notícias dele?"

"Sim, senhores, e as notícias que tenho não deixam de contribuir eficazmente para que me considere completamente ditoso, e a dar à minha história um desenlace feliz em todas as suas partes. Hipólito, depois de favorecer tão audazmente o meu casamento, embarcou desde Málaga para Gibraltar, e dali passou aos Estados Unidos, onde, dedicando-se ao comércio, enriqueceu o bastante para restituir as vítimas de seus latrocínios tudo o que haviam perdido. O valor do presente de casamento, consta-me que meu primo o recebeu integralmente de uma mão desconhecida."

"De fato", disse o dono da casa, "o senhor tem razão de estar contente e em dizer que, mais do que qualquer ministro pode ter favorecido a um amigo dele, fez o senhor por um *amigo ladrão*". A.A.M.

LIII
Acontecimento latroindustrial

Sob essa epígrafe, lê-se no *Diario de Sevilla*, de 13 de abril de 1839, o seguinte:

A arte de roubar

"Entre os roubos que se repetem tão frequentemente, merece particular menção o efetuado nestes últimos dias na joalheria de d. José Cabrillas, Rua de Manteros. Segundo nos informaram, parece que uma pessoa de bons modos começou a frequentar a indicada joalheria há algum tempo: ia ver os jornais ou ver passar as pessoas; enfim, ia matar o tempo como fazem os elegantes. Enquanto isso costumava se encantar com alguma joiazinha que comprava e pagava no ato, ostentando moedas de ouro que costumava trazer, com a particularidade de que, depois de pagar a sua compra, tirava uma caixinha, colocava nela o comprado e, guardando a chave, suplicava ao dono da joalheria que a conservasse ali até que depois, como ocorria, viria ele ou um criado buscá-la. Seguindo nesta boa harmonia, em um dia desta semana santa passada marcou com o dono da joalheria para o sábado santo às dez da manhã, com o objetivo de escolher várias pequenas joias: os dois acertaram o encontro, e nosso exótico cavalheiro fez seu pedido, que custou dezenove mil setecentos e poucos reais. Obviamente acomodou tudo na caixinha; mas desta vez a bolsa não trazia casualmente todo o necessário para o pagamento, e como de costume tirada a sua chave, que guardou, deu com a mesma ou com a outra mão a caixinha ao prateiro para devolver, pagar e levar o comprado. Passaram dias e dias, até o de anteontem, sem que aparecesse o cavalheiro. Cansado de esperar o prateiro, e talvez temendo um golpe, resolveu, segundo disseram, forçar a fechadura da caixa e resgatar seus objetos; mas sua surpresa não deve ter sido menor que se houvesse aberto a caixa de Pandora. As joias haviam desaparecido, e a caixa só tinha umas bijuterias que davam o peso das joias compradas. A habilidade da troca das caixas na presença do próprio prateiro é coisa que todos vemos nos jogos de latinhas; mas este jogo, aplicado à indústria do *roubo*, causa os problemas que enfrentou o prateiro prejudicado. Abra o olho! Porque esse tipo de indústria está na moda em nossa terra."

LIV
Golpe de mestre nesta corte

Sob essa epígrafe publicou o *Correo Nacional* (jornal de Madri), de 28 de abril de 1838, o ocorrido que vou copiar aqui. Prescindindo da realidade do caso que aqui se cita, direi que este procedimento criminoso foi empregado várias vezes em diferentes pontos; e que no curioso livrinho, intitulado *Trente-six espèces de vols* (Paris, 1838), lê-se um caso idêntico, ocorrido na capital da França, sem mais variante que a de lá ter sido vítima de tamanha artimanha um joalheiro.

"Há muito tempo que acontecem roubos nesta corte, seja à luz do sol, seja nas penumbras da noite; mas cometidos com violência, à surpresa ou ao descuido, nada apresentam de curioso na perpetração desta classe de delitos. O que vamos contar é daqueles que os aficionados chamam de *engenhoso* ou de *canalhice*, pois os ladrões também têm seu dialeto peculiar.

"Na casa de um médico desta capital se apresentou uma senhora algo avançada nos anos, perfeita e luxuosamente ataviada, conduzida em uma carruagem decente com sua pompa correspondente de lacaios. O médico a recebeu com toda finura que parecia ser-lhe devida, e ela lhe contou que tinha um filho jovem a quem queria mais do que tudo, por ser a única coisa que lhe restou. Havia algum tempo que certas manias e inconsequências de seu caráter a haviam feito suspeitar se padeceria

A arte de roubar

da cabeça, cuja suspeita no fim havia se convertido por desgraça em realidade, porque algumas vezes, acreditando em sua desordenada fantasia militar de graduação, pedia as roupas de tal para marchar e colocar-se no comando de suas tropas; outras pedia a toga para ir ao tribunal para desempenhar suas funções de magistrado, e outras, enfim, se fingia comerciante, falando das grandes vantagens que lhe trariam imaginados negócios ou especulações na bolsa. Em tal estado desejava que o médico o examinasse, e para isso ela o traria em sua presença sob qualquer outro pretexto. O médico, como era natural, aceitou a proposta e, acertados o dia e a hora, se despediu da senhora.

"No dia 23 do mês atual, a mesma senhora se apresentou na porta da casa de comércio de D.N.G., baixou de sua carruagem, pediu tecidos finos, ricos arremates e todos os artigos que lhe pareciam mais nobres e de melhor qualidade: fez que os colocassem na carruagem e pediu ao comerciante que, com a conta, lhe acompanhasse um funcionário para que lhe entregasse em sua casa a quantia suficiente para pagar. Subiu a escada conduzida pelo funcionário, tocou a porta, e ambos entraram na sala, onde exatamente se encontrava o médico rodeado de algumas visitas.

"A senhora sem se deter se aproximou do médico e, em voz baixa e assinalando o funcionário, disse: *'Aí tem o senhor o meu filho. Convém que, logo que o senhor conclua com esses senhores, fique sozinho com ele e investigue seu estado. Se o senhor prefere, eu esperarei o resultado em outro quarto'.* O médico não encontrou inconveniente, abriu um biombo e a senhora passou ao quarto seguinte.

"Logo que ficaram sozinhos o funcionário e o médico, começou este a lhe perguntar se padecia de alguma dor de estômago, ou sentia alguma indisposição na cabeça. O funcionário, um tanto envergonhado, respondeu que gozava de boa saúde, com a graça de Deus. O médico insistiu em suas perguntas e tentou tomar-lhe o pulso; mas o funcionário, já um tanto incomodado, disse-lhe que vinha para que lhe pagassem uma conta de uma despesa que fez sua esposa na loja de seu patrão. Como ao médico lhe tinha sido dito que também tinha a mania de acreditar ser comerciante, respondeu-lhe que depois trataria da conta, que sua doença era curável, e que o que importava era que se prestasse aos auxílios da medicina, porque, se não o fizesse, sua saúde pioraria e não poderia realizar seus negócios.

"Desesperado, por fim, o pobre funcionário, em cólera, e jurando e evocando a Deus, insistiu para que o médico lhe pagasse a conta dos artigos que sua esposa tirou da loja de seu patrão D.N.G. Ao ouvir este nome, que lhe era conhecido, o médico se deteve, refletiu por um instante e, percebendo que o conto do louco tinha sido uma armadilha, um teatro e nada mais, abriu o biombo procurando a senhora, que pelos quartos interiores tinha passado em frente de sua família, sem parar diante deles, que acreditaram se tratar de alguma consulta reservada, e apanhando a carruagem tinha desaparecido.

"O médico e o funcionário foram até a loja, mas, falando com D.N.G., somente constataram que este tinha sido roubado em aproximadamente cinco mil rs., que era o que valiam os artigos levados por uma *senhora da indústria*."

LV
Cinco caixas de ouro

Na sexta-feira (16 de novembro de 1835) se apresentou um homem elegante na casa do sr. Morel, rua nova de Bons-

-Enfans, 7, em Paris, para comprar uma ou duas caixas de ouro para tabaco. Depois de ter examinado uma quantidade delas, retirou-se dizendo que voltaria. Algumas horas mais tarde, entrou um lacaio vestido de uniforme com um cartão na mão com dizeres que indicavam ser do barão de Werther, embaixador da Prússia, e disse que vinha da parte de seu patrão pedir ao sr. Morel que tivesse a bondade de passar em sua casa para falar sobre umas bobagens que teria de comprar. O diamantista saiu na mesma hora com o lacaio; mas na metade do caminho se separou dele, alegando que cumpriria com outros serviços de S. Ex. Sr. Morel pensou, mas já muito tarde, que poderia ser um vadio que lhe enganava e voltou à sua casa; mas soube que o improvisado lacaio tinha chegado na sua frente e foi pedir à mãe do sr. Morel cinco caixas de muito valor, indicando exatamente os números de cada uma, e dizendo que seu filho as esperava para terminar o negócio com o embaixador. Tudo indica que o primeiro que se apresentou veio unicamente para saber dos números que estavam assinalados em cada caixa e enviou em seguida o suposto criado para consumar com toda a segurança este furto de nova espécie.

LVI
O noviço dos bandidos

"Vamos, cavalheiros, levantem-se que já é tarde! Vamos ver se encontramos essas carroças que devem passar a noite na feira!"

Assim falava Veneno aos de sua quadrilha, que estavam dormindo a sesta perto da feira de Pilar, em La Mancha, caminho de Valência.

D. Dimas Camándula

Não há regimento mais rápido a mover-se do que aquele que tem ao seu comando um coronel que inspire carinho e confiança. Imediatamente montaram todos e tomaram uma vereda que levava ao lugar propício para a próxima operação.

Momentos depois viram os ladrões que pelo caminho real vinha um só homem, a pé, parando de quando em quando, como que para reconhecer o terreno em todas as direções. Veneno colocou a espora em seu cavalo e saiu ao seu encontro antes que o andante pudesse notar que alguém havia se movido ao alcance de sua vista.

— Alto, grande ladrão! — gritou Veneno, enfiando-lhe na cara o trabuco.

— Boa-tarde! — respondeu com voz áspera e oca o andante.

— Tu serás espião naturalmente. Diz rápido *Jesus*, senão te despacho sem que fales!

— Espera, homem. Não sou espião; ao contrário, venho para que me dê um lugar no seu bando.

— Isso é outra coisa; mas não temos cavalo para ti, e todos os demais estão bem montados.

— Não importa! Cavalos não faltarão. O primeiro que passe por aqui.

— Anda para a direita, que a quadrilha se aproxima, e pobre de ti se está nos enganando!

O desconhecido era um moço de cerca de 24 anos; alto, moreno, mal encarado, robusto à proporção da sua altura. Andou de fato para direita, segundo a ordem do capitão Veneno, e atrás dele entrou este no matagal. Assobiou e em três minutos tinha sua gente reunida.

— Cavalheiros, eu acreditei que este moço fosse algum espião, e ele diz que quer sentar praça neste esquadrão. De onde és?

A arte de roubar

— Por que diabos necessitas saber de onde sou? Mas os direi tudo o que seja preciso, a fim de que não desconfies de mim. Tenho uma namorada, que resolveu se meter com outro. Convidei o amigo para beber ontem à noite na taberna da cidade, saímos um pouco tarde, e ao virar a esquina da praça lhe dei três punhaladas com esta faca. Logo fui para a casa da minha namorada, que falava comigo fora de hora através de uma cerca, e lhe rasguei a cara de cima a baixo. Tinha eu ouvido dizer muitas coisas boas de vocês: tinha vontade de conhecê-los e aqui estou para não os deixar já.

— Em boa hora — continuou Veneno: tudo isso será como tu contas; entretanto, é necessário que procedamos com um pouco de prudência com os poucos conhecidos daqui.

— Parece-me razoável.

— Camaradas, que fazemos? Recebemos esse homem?

— Receba-o! — responderam todos a uma voz.

— Já os ouve: desde hoje és nosso. Agora eu direi a condição com que foram agregados ao bando todos os que vês aqui. O que entra nele deve matar o primeiro andante que se apresente, seja quem for.

— O primeiro?

— Sim: e se não o matar... nós despachamos o noviço de uma só trabucada. Qualquer um da quadrilha pode fazê-lo. Se são duas as pessoas que aparecerem e que terá de despachar, ainda melhor. Alguém que se tenha feito de valente e, chegada a ocasião, não o foi está contando isso em outro mundo.

— O filho da minha mãe não levará ao outro mundo semelhante notícia.

Nesse momento avistaram um arreeiro que pelo caminho real vinha com uns quantos machos. Colocaram-se em espreita, e logo disse o capitão:

157

— É Antonio, o ordinário de San Clemente.

— E não vem sozinho, acrescentou o tenente de Veneno.

— De fato, prosseguiu este, vem com ele um senhor.

— Quem me dará uma escopeta? – perguntou o noviço.

Aos principiantes, dou sempre a honra de emprestar-lhes meu trabuco e um agasalho. Cuidado com este menino, continuou, entregando-lhe o trabuco: nunca abriu a boca mais que para deixar honrado seu patrão; e quanto ao objeto (pelo punhal), vai sozinho até o coração de qualquer um.

Como o ordinário pagava uma contribuição a Veneno e aos de seu bando pelo seguro das viagens, rara vez se somava a ele na viagem alguma pessoa que tinha a necessidade de cruzar por aqueles caminhos; e dessa vez o escrivão de certo povoado próximo vinha montado em um de seus cavalos.

Os ladrões ficaram emboscados, menos Veneno e o noviço, que saíram pelo caminho real para receber o ordinário.

— Boa-tarde, Antonio.

— Olá, Veneno. Como vai? E a tua gente?

— Todos bem, homem. Anda por aí tropa?

— Não aparece um soldado pelo mundo.

— Mas homem... Algum demônio te tentou para vir hoje, por essas horas, por aqui.

— Não te entendo.

— Não é fácil, homem, eu te explico. Recebemos hoje na irmandade este moço, que, segundo nosso costume, tem de ser treinado...

— Mas...

— Contigo não, porque já sabe que somos amigos. Quem é esse pássaro?

A arte de roubar

— O escrivão de Ciudad-Real.

— Pois já acabou de fazer testamentos.

— Como?

— Como eu disse. Compadre, vá o senhor rezando o credo.

— Melhor será despachá-lo sem que reze, murmurou quase grunhindo o noviço e armando seu trabuco.

— Jesus! Ampare-me, senhor! — exclamou o escrivão.

— Veneno! Por Deus, não o mate, que é parente da minha mulher.

— Despacho-o?

— Espera, homem, que parece que há saias pelo meio, e com as mulheres... com certeza é parente da sua?

— Primo de sangue; se o mata, fico viúvo quando a minha mulher souber.

— Não perderia muito por esse lado, mas quero dar-te gosto. Rapaz, vejamos como colocas essa flauta em segurança, que por agora não precisamos de música.

O escrivão estava mais morto que vivo: não era para menos o lance. Já se tinha imaginado, no mínimo, entre as almas do purgatório. A cor do seu rosto era uma íris das que as nossas costureiras chamam de tons pastéis, desde o de enxofre até o branco de papel de selo, que é, geralmente, branco *coberto*. Quando ouviu que se havia revogado a sentença, caiu feito um novelo no santo chão, e não sem grandíssimo trabalho conseguiram entre o ordinário e os dois ladrões levantá-lo. Veneno o fez beber, à força de ameaças e blasfêmias, umas gotas de aguardente de uma cabaça que pendente em um cordão trazia e, apertando-lhe fortemente a mão direita, ofereceu-lhe os seus serviços e os de toda a sua gente para quantas ocasiões

D. Dimas Camándula

lhe pudessem ser úteis. Montaram-lhe logo no macho do qual o haviam feito apear às primeiras palavras de Veneno: montou também Antonio, e acompanhados daquele e do noviço, que ia a pé, seguiram o caminho até a feira. Mas não haviam adiantado ainda cinquenta passos quando viram que na direção deles vinha outro homem a cavalo, com seu moço de espora atrás.

— Rapaz, disse Veneno ao noviço, para que esse cavalheiro veja que não é brincadeira, despacharemos aquele penitente. Fique deste lado, Antonio, mas não se separe do caminho.

O recém-aparecido viajante andava rápido e não desconfiou das pessoas que no caminho estavam.

— Alto! — gritou Veneno, ao chegar e emparelhar com ele; e voltando-se logo ao noviço:

— Acompanhe, prosseguiu, este cavalheiro, para que não lhe suceda algo por aí abaixo.

Ao mesmo tempo, jogou seu cavalo em cima do moço de espora, acrescentando: "Se te moves, levanto-te a tampa dos miolos".

Dois minutos depois soou uma trabucada, e o infeliz a quem dava escolta o noviço deixou de existir.

— Rapaz! — gritou Veneno, carrega o trabuco e volta!

Antonio e o escrivão se distanciaram horrorizados e, ao chegar a uma lombada que o caminho formava, aquele virou a cabeça para ver que rumo os ladrões tinham tomado. Veneno estava esperando que algum deles olhasse e, quando o observou, fez um sinal ao noviço. O moço de espora ficou estendido por outra trabucada; e o bandoleiro chefe, esforçando sua voz para que o pudesse ouvir o ordinário, gritava:

— Antonio! Antonio! Este último é para que não contes nada!

A arte de roubar

LVII
O alfaiate, ou a força do hábito

Um alfaiate pícaro e devoto (qualidades que por desgraça não são sempre incompatíveis) certa noite teve um sonho espantoso. Acreditou encontrar-se no juízo final e se imaginou vendo a justiça eterna descobrindo e condenando ao mundo pelas desigualdades dos homens. Tremendo como um açoitado estava o alfaiate esperando a sua sentença quando uma mão celestial desenrolou à sua frente uma bandeira imensa de diferentes cores, e composta de todos os retalhos que tinha roubado durante a vida. Ao mesmo tempo se imaginou que o atiravam aos profundos infernos, e com um sobressalto acordou banhado em um frio suor. Teve esse sonho por um aviso do céu e fez solene juramento de não roubar mais. Para melhor resistir à sua má inclinação, encarregou aos oficiais e aprendizes que, quando vissem que ia ceder à tentação, dissessem-lhe em alta voz: *Mestre, a bandeira!*

Dessa forma, alguns dias se passaram; mas, numa manhã, esquecendo o seu sonho e o seu juramento, ia cortar e subtrair três palmos de um finíssimo pano que lhe acabavam de entregar; e ao adverti-lo os oficiais, exclamaram: *Mestre, a bandeira!...* *Sossegais,* respondeu o vadio, *porque na bandeira que eu vi não havia retalhos dessa cor.*

LVIII
Ferocidade e descaramento

Os dois fatos seguintes, que lemos nos jornais de Paris de 20 de janeiro de 1845, justificaram as palavras da epígrafe que apresentamos.

D. Dimas Camándula

Na *Gaceta de Metz,* lê-se o seguinte:

"Acabam de nos contar um crime que foi cometido na semana passada, não longe desta cidade.

"Uma menina que levava à sua mãe, residente em Metz, a receita da semana, viu-se atacada ao anoitecer numa das veredas de Sablon por um homem que lhe pediu a bolsa. Não podendo a pobre menina oferecer a menor resistência, nem fazer ouvir seus clamores, entregou seu curto pecúlio e seguiu logo seu caminho para a cidade. Mas aos poucos passos a alcançou outro homem que, ouvindo-a chorar, quis informar-se sobre a causa dos seus quebrantos e se mostrou interessado por ela. 'Tentaremos recuperar o teu dinheiro', disse-lhe: 'reconheceria o ladrão?'

"'Oh! Certamente', respondeu a menina; 'eu poderia reconhecê-lo entre mil'. 'Sim! Pois eu farei que não possas conhecê-lo', respondeu o homem, e ao mesmo tempo arrancou-lhe de forma desumana os olhos.

"A menina, encontrada no estado mais deplorável, foi conduzida ao hospital do Buen-Socorro."

———

Ontem (19 de janeiro de 1843, em Paris) verificou-se uma tentativa de roubo, no meio da rua e ao meio-dia, com um descaro realmente incrível. Passava pela Rua de San Jacobo uma mulher com um pesado cofre nas costas. Deteve-a um homem, perto da esquina da Rua dos Mathurins, e quis tirar-lhe o cofre: a mulher resistiu e acabou por gritar *ladrões!!!* Sabido é o mágico efeito dessa palavra nas ruas de Paris: no momento acudiu muita gente. "Insolente!", dizia-lhe o homem sem largar o

A arte de roubar

cofre, e com uma voz que afogava os gritos da mulher: "não te basta fugir da casa conjugal, senão que até queres roubar o que é do teu marido? Ainda te atreves a injuriar-me e a levantar-me a voz, má esposa!". "Você o meu marido!!!", exclamou a mulher estupefata. A turba que presenciava aquele debate, dominada pelo ar de segurança do homem, e ajudada sem dúvidas por alguns compadres dele, começava a murmurar: *já que é a sua mulher! Visto que o cofre é seu!*

A pobre mulher, por sua vez, começava a intimidar-se por aqueles rumores desfavoráveis, pensando que ia ser roubada com autorização do povo; o intitulado marido saiu a correr, quando viu chegar a guarda do quartel da Rua do *Foin*, que acudia ao lugar da cena.

Essa fuga não podia deixar dúvida alguma nos projetos do ladrão: algumas pessoas não o tinham perdido de vista, e foi detido perto dali.

LIX
O brinco da princesa

Uma princesa da Alemanha se encontra na ópera certa noite em que também esteve presente a rainha. A poucos instantes do início, entra no palco da princesa um personagem com uniforme de gentil-homem seguido de dois pajés. Após o cumprimento cerimonioso de costume, o personagem diz à princesa que Sua Majestade a Rainha tinha reparado no esplendor dos seus brincos e que desejava examinar um deles. Imediatamente a princesa tira o pendente e o entrega ao cavalheiro demandante, suplicando-lhe que enviasse os seus respeitos a Sua Majestade. Acaba a ópera e nada do brinco. Por fim, a princesa se decide a enviar à Rainha um dos seus gentil-homens, para perguntar a Sua Majestade se permitiria que ela colocasse seu outro pendente a seus reais pés, se tinha lhe agradado a amostra que já tinha. A rainha contesta que não tinha visto tal amostra: mediante explicações, a princesa descobre que o personagem disfarçado de gentil-homem era um vagabundo que a tinha roubado.

LX
O sobrinho do padre Merino

Em meados de março de 1843, apresenta-se na casa do sr. N. (um credenciado fabricante de esmalte de Paris que se encarrega particularmente da confecção de objetos de piedade e de adornos destinados ao culto) um fulano de uns 35 anos de idade, estatura baixa, tez morena e fisionomia severa. *"Monsieur"*, disse-lhe o estrangeiro com aquela voz grave e aquele sotaque gutural peculiar dos habitantes da península Ibérica, "vim da França expressamente para comprar uma partida bastante grande de objetos artísticos religiosos e me dirijo a você em razão da especial recomendação de várias pessoas, e sobretudo do meu tio, o padre Merino, que tão ilustre se tem feito nas guerras da independência e da fé".

Ao ouvir tão célebre sobrenome, o esmaltador inclina-se respeitosamente, e prossegue o sobrinho do padre Merino:

"Eu e algumas outras pessoas piedosas nos propusemos repartir com profusão pelos povoados as sagradas imagens do nosso divino Redentor e as da sua Santíssima Mãe."

A arte de roubar

O fabricante aceita com gosto a proposição. Exibe amostras, dá os preços, discute a forma de entrega, e fica acertada a produção de trinta mil Cristos e Virgens dos que podem colocar-se em medalhões. A primeira entrega devia concretizar-se ao cabo de um mês, ao preço de 1 franco 25 cêntimos a peça. Antes de ir embora, o sobrinho do padre Merino tira uma bolsinha inchada por muitas moedas de ouro e obriga o fabricante a tomar uma pequena quantia à conta, e como oferta pelo trato concluído.

Fazia uma semana que o esmaltador e os seus oficiais trabalhavam de dia e de noite quando numa manhã se apresenta um sujeito na sua oficina e diz-lhe: "Senhor N., pensei dirigir-me a você porque há muitas analogias entre nossas duas indústrias, e podemos apresentar mutuamente excelentes serviços e eficaz auxílio. Você despacha grande número de artigos religiosos em esmalte, em cuja fabricação goza de merecido crédito: eu vendo contas de terços procedentes da Terra Santa, e que tocaram o túmulo de Jesus Cristo, e também terços engastados em ouro, benzidos pelo Papa. Se quiser tomar minhas contas de terço em depósito, irei lhe dar uma boa comissão."

O esmaltador ia provavelmente responder que não quando foi interrompida a conversa pela chegada do espanhol, sobrinho do famoso guerrilheiro. Inteira-se do assunto de que tratavam, pede que lhe mostrem os terços engastados em ouro, os examina, gosta deles e solicita uma partida deles por um valor de 3.400 francos. Combinado tudo, busca a sua carteira para pagar e não a encontra; se dá logo um tapa em sua testa e exclama:

"Pelo amor de Deus!... Agora lembro que a deixei em casa. Quer, meu bom sr. N., adiantar pela minha conta esta pequena soma? Esta tarde me envias a caixinha com as contas de terços desse cavalheiro com os Cristos e as Virgens que tenha já concluído, e os gratificarei tudo junto."

O esmaltador não poderia se negar a emprestar esse dinheiro ao rico e respeitável cliente que tão vultoso pedido tinha-lhe feito. Entrega os 3.400 francos ao comerciante de contas de rosário, que, pela sua parte, diz ao sr. N., ao ouvido, que em breve passaria a pagar-lhe sua correspondente comissão. O sobrinho do padre Merino pede um lacre, coloca seu selo (que consistia em uma simples cruz) na caixinha de terços que acaba de comprar e logo, após ter feito mostrar alguns dos medalhões já concluídos, vai-se embora manifestando ao artista que estava muito satisfeito com sua obra.

À tarde, o esmaltador em pessoa vai com um dos seus oficiais levar a parte de medalhões já concluídos e a caixinha de terços até a casa cujas coordenadas tinha dado o sobrinho do padre Merino; mas ninguém sabe dele. Após buscar e rebuscar infrutuosamente, o esmaltador se convence de que tinha sido enganado (Ver Capítulo VI) pelos vadios a quem sem dúvida não voltará a ver (*Gazette des Tribunaux*).

LXI
Receita original para pagar as despesas

Singular meio de procurar fundos quando a bolsa está vazia! Teodoro B. e Carlos M., ambos mocinhos decentes, ou pelo menos com aspecto de tais, acabavam de almoçar como reis em um restaurante próximo ao canal (Paris), tendo feito, como é natural, um regular consumo de champanhe. Pagar sem ter um tostão era logo um grande problema, mas um dos afetados pensou resolvê-lo da seguinte forma: "Vamos ver, Carlos: meu

A arte de roubar

plano sairá às mil maravilhas, se tu queres ser meu cúmplice". "Eu!", respondeu o outro comensal; "tudo o que desejes, enquanto não se comprometa a honra das nossas famílias". "Pois bem!", agregou Teodoro, "tu sabes nadar, e podemos aproveitar essa vantagem". "Como?" "Não me compreendes?" "A sério que não". "Escuta: por lei estão ganhos quinze francos a quem tira a um homem morto da água, e se o resgata vivo dão-te 25. À água, pois! Atira-te ao canal, e eu te pescarei, e farei como que tenha te salvado de uma morte inevitável." Dito e feito: em um instante foram admiravelmente representados os dois papéis, e o salvador correu logo à casa do comissário da polícia para receber o prêmio ou recompensa que a beneficência nacional entrega à pessoa que salva um homem que se afoga. Teodoro ia já pegar os 25 francos quando, por desgraça dos dois jovens, o dono do restaurante, que tudo tinha ouvido e visto, mas que não chegava a acreditar no ocorrido (tão extraordinária parecia-lhe a cena), fez a piada estragar o golpe, relatando o que sabia e entregando os chapéus dos mocinhos, que os tinham deixado no restaurante, seja como reféns, seja para dar maior verossimilhança ao lance (*Gazette des Tribunaux,* abril de 1834).

LXII
O roubado cúmplice do ladrão

Em 3 de dezembro de 1836 (em Amberes), saía da sua casa, contígua ao Monte de Piedad, o cônsul de uma potência estrangeira. Na porta encontra um indivíduo com um colchão nas costas e lhe pergunta o que faz ali. O sujeito responde perguntando se é ali o Monte Pio; o cônsul diz-lhe que não, e pergunta-lhe por que procura a casa do Monte de Piedad.

O incógnito contesta-lhe que a sua mulher está às vésperas de parir, e que a miséria obriga-o a penhorar o único colchão que tem. O cônsul se compadece daquele homem, dá-lhe dez francos e diz-lhe que volte para a sua casa sem penhorar o colchão.

À noite, uma das criadas do cônsul sobe ao seu quarto para deitar-se e se encontra sem colchão. Acredita que algum dos criados da casa pretendeu burlar-se dela, pelo que houve grande burburinho entre a criadagem. Chega o burburinho aos ouvidos do cônsul, informa-se da causa e percebe, por fim, que aquele pretendido pobre do colchão era um ladrão real e efetivo.

———

Este lance traz à tona um episódio no qual se destacou o papel de Luís XV. Certo dia se introduz no Palácio de Versalhes um ladrão, fingindo-se de empregado do relojoeiro de Sua Majestade, para levar um charmoso relógio de parede que devia compor-se. Passa livremente por vários salões, apanha uma escada de mão e a coloca ao pé do relógio. Ia já subir quando passa por aí o rei e se alarma de ver o risco que corre aquele homem subindo por uma escada apoiada sobre um piso escorregadio. Aproxima-se o rei e, após repreendê-lo pela sua imprudência, se oferece para manter assegurada a escada. O homem aceita com gratidão o oferecimento, tira o relógio e o leva dando as graças ao benévolo cavalheiro que o tinha ajudado. Quando Luís XV soube que o relógio não tinha chegado à casa do relojoeiro, não permitiu que se perseguisse o autor de um roubo no qual ele tinha cooperado. "Eu sou cúmplice", disse.

A arte de roubar

LXIII
O parto de um contrabando

Eis aqui um fato que oferecemos em homenagem do sr. Geoffroy-Saint-Hilaire, que tanto tem estudado sobre as monstruosidades. Trata-se de um parto que não tem igual nos fatos da medicina, de um fenômeno, de um prodígio que a história natural nunca poderá comentar o bastante. Uma jovem francesa, chamada Agustina Renier, linda, loira e de vinte ou 22 anos, embarcou semana passada (o jornal de onde tiramos este caso é de 14 de junho de 1834) em Calais e desembarcou em Douwres. Durante a travessia, o estado da sua gravidez, ao que parece muito adiantada, valeu-lhe mil atenções por parte dos passageiros e amostras de cordial interesse de toda a tripulação. Desceram-na à terra em uma cadeira de mão, fazendo-a respirar espirituosas essências pelo muito que tinha enjoado. Agradecia a pobre com um acento tão patético que transpassava a alma de todos seus colegas de viagem. Estava no cais observando e, em frente ao escritório da aduana, um empregado que tem por nome Fernyhongh, que, se aproximando de madame Renier, manifestou ter uma doença que assim prostrava a sua juventude. Como disse ter alguns conhecimentos de medicina, apressou-se em prodigar lhe os primeiros socorros. Por mais que madame Renier já se encontrasse melhor, e manifestasse desejos de ir o quanto antes para casa, o ladino Fernyhongh assegurou que aquele movimento em tão crítico momento poderia ser gravemente perigoso, e que não tardariam em chegar as dores do parto. Mandou, pois, em virtude da sua filantrópica autoridade, que madame Renier fosse conduzida a certo quarto da aduana e que chamassem correndo a parteira. A francesinha, depois de ter-se feito rogar por longos quinze minutos, deu à luz, segundo tinha prognosticado Fernyhongh,

> 145 varas de renda,
>
> 6 véus de renda,
>
> 1 esclavina,
>
> 17 peças de cordão,
>
> 6 bolsas,
>
> 4 pares de meias de seda,
>
> 2 pares de luvas,
>
> 38 pares de meias comuns e
>
> 48 *foulards* de Lyon.

A mãe e as criaturas passam bem.

LXIV
Um roubo com devolução

Certo indivíduo se apresentou na melhor pousada de Chalamout (França) e disse ao pousadeiro que preparasse o curral para apriscar umas oitocentas cabeças de gado bovino que conduzia até o mercado de Lyon e que pensava pernoitar ali: fez medir algumas fanegas de aveia, que pagou no ato, e solicitou que lhe servissem o jantar. Enquanto durou este, manifestou a sua inquietude pela demora do gado e seus receios de que os cocheiros houvessem entrado em alguma taberna do caminho, em cujo caso não esperava que chegassem até depois do anoitecer, então ia apressar os seus criados e ver o porquê do atraso.

Seduzido pelo tom de ingenuidade com que lhe foi feito este pedido e muito mais pelo pagamento antecipado da aveia, o pousadeiro ofereceu ao viajante seu cavalo e a sua carruagem: o viajante aceitou, como é de se supor; começou a correr, chegou

A *arte de roubar*

a Bourg e se hospedou na pousada do Halcon. Em seguida vendeu a carruagem e o cavalo por oitocentos francos a uns cobradores que saíam para Lyon. Depois de ter apanhado o dinheiro, suplicou-lhes para que deixassem uma carta ao pousadeiro de Chalamout.

Logo que chegaram a este ponto, os cobradores repousaram na pensão, cujo dono já tinha medo pela demora da sua carruagem e cavalo, os quais ele dispôs que voltassem a ocupar o seu antigo e respectivo lugar. Na manhã seguinte, logo que os hóspedes pagaram as despesas, mandaram que arrumassem o cavalo. "Que cavalo?", perguntou surpreendido o dono da pensão. "O cavalo que trouxemos ontem e que compramos em Bourg." Este quiproquó necessitava de uma explicação, e teve: dela resultou que os desgraçados viajantes se surpreenderam muito ao saber que haviam feito a compra a um sagaz larápio, aumentando ainda mais seu atordoamento ao ler a carta que haviam trazido eles mesmos para o pousadeiro, e que dizia:

"Meu senhor: tenho a honra de devolver-lhe vossa carruagem e o vosso cavalo por meio do portador da presente. Meu gado tomou um rumo diferente: fique com o valor da aveia como uma simples amostra da minha gratidão ao favor que me haveis feito. Tenho a honra de ser etc." (*Diários Franceses*, abril de 1844).

LXV
O oficial de guarda roubado

Antes de ontem (24 de outubro de 1837, em Paris), entre meia-noite e uma da manhã, um cavalheiro, assaz bem aparentado, apresenta-se ao sentinela do quartel da guarda da Mag-

D. Dimas Camándula

dalena, onde há 25 homens às ordens de um oficial. O fulano diz à sentinela: "Não os incomodeis, vou ver vosso oficial, que é meu amigo". O soldado lhe abre a porta do quartel e lhe assinala que o quarto do oficial está à esquerda, assim que este entra. Nosso homem fecha devagar a porta, e a sentinela continua passeando. Havia transcorrido apenas um minuto quando sai o cavalheiro e, ao passar diante do sentinela, diz--lhe: "Obrigado, amigo, boa-noite". E vai embora rapidamente.

O oficial, que fazia um tempo se encontrava entretido fora do seu quarto, pergunta à sentinela se viu entrar alguém, e o bom soldado manifesta-lhe que tinha entrado um cavalheiro, que tinha dito ser seu amigo, para dar-lhe uma boa-noite. Então o oficial percebeu que o relógio de ouro que havia deixado sobre a mesa lhe tinha sido escamoteado por um amigo improvisado.

Todos os soldados da guarda dormiam e ninguém viu entrar o ousado ladrão (*Diários de Paris*).

Capítulo V
Miscelânea

Ao chegar até aqui, ficam já iniciados os meus caros leitores em todas as principais profundezas da ARTE DE ROUBAR. Creio, todavia, que não estaria demais uma salada complementar, um capítulo revolto em que se consignassem algumas resenhas biográficas dos *artistas* de mais esplendorosa fama, alguns dados estatísticos, alguns pequenos artigos soltos e de leitura amena etc. Não duvido que os meus sempre apreciáveis leitores terão o mesmo pensamento e ansiedade por ver-me entrar na matéria. Entremos, pois, na matéria.

Biografia ladronesca

Bem haveria desejado apresentar aqui a vida dos bandoleiros, caloteiros e larápios de maior nome na urbe, começando por Caco e Barrabás e acabando por Lacenaire e madame Laffarge; mas não tenho suficiente paciência para ir recoletando tantas notícias como eram necessárias para o efeito, nem, por outra parte, quis que o meu livro fosse tão grande que não pudesse vendê-lo em poucos reais. Assim que, benévolo leitor, terás de contentar-te com o que segue:

D. Dimas Camándula

Vida de José Schubri

> *Que é no fim roubar?*
> *Restabelecer o equilíbrio das fortunas;*
> *ser instrumento de Deus:*
> *logo é ser homem de bem.*
> Schiller – *Los Bandidos*

Quando Schiller, à idade de 18 anos, apresentou seu drama *Os Bandidos*, no teatro de Manheim, muito longe estava de figurar-se que apareceria um dia na Alemanha um homem que realizaria o mesmo que Cárlos Moor; que fora, como este, ladrão moralista, erudito, poeta e músico, elegante bandoleiro, cheio de nobreza, galanteio e generosidade; e que, em uma palavra, se assemelhasse menos a um bandido que ao fundador de uma nova seita filosófica e de igualdade, cujos adeptos, à guisa de predicadores armados, se abandonassem em corpo e alma a provar com as suas vidas o axioma que tomamos por epígrafe.

Assim se nos apresenta o grande José Schubri, cujos altos feitos, proclamados por toda a imprensa alemã, adquiriram celebridade europeia. Calem-se, pois, esses *larápios* vulgares que, obedecendo só a seu brutal instinto, nem sequer conhecem o sentido moral que em si encerra o ato de despojar ao outro do que ele denomina como *seu*; ideia rançosa e fantasmagórica, que só alcança para assustar os inocentes de boa-fé.

Para achar outro bandido que se pudesse comparar com Schubri, deveríamos remontar ao famoso Robin Hood, o qual florescia na Inglaterra em tempos de William o conquistador, se temos de dar crédito a Walter Scott que, na sua novela *Ivanhoé*, o descreve ornado de brilhantes louros coletados na sua arriscada carreira. Todavia, se cabe alguma dúvida da existência daquele Robin Hood, não acontece o mesmo com respeito a Schubri, contemporâneo nosso, filho deste século, e sem que uma longa série de anos, nem os exageros da tradição tenham lugar ainda para desfigurar suas façanhas. Conhecemos Schubri tal como o pintaram as gazetas alemãs, pouco poéticas por natureza; e, entretanto, nosso herói deixa já para trás todos os chefes de bandidos passados, presentes e futuros.

Como queira: a Alemanha precisava nos restituir uma classe de verdadeiro bandido, de grande gatuno. Tendo-se esquecido já esses famosos homens de vida airada; e se fama tinha ainda a *selva negra*, era mais pela excelência do seu *kirschenvvaser* que pelas quadrilhas diabólicas que acolhia. A sociedade moderna, que tanto se deleita com as histórias de valorosos bandoleiros, via com pesar morrer em sua alma e em sua memória uma imagem que servia sempre de assunto para suas conversas, quando, de repente, qual luminosa estrela, Schubri apareceu no cume dos Montes Cárpatos.

Mas ainda que aqueles inacessíveis vales parecessem um asilo seguro, como Schubri não é um homem que goste da vida solitária, como um duende ele foge e aparece em todas as partes. Desde *Krapacre*, não faz muitos anos que, atravessando velozmente a Alemanha e a França, chegou ao quartel general de d. Carlos, e quase ao mesmo tempo foi visto navegando o Mediterrâneo em um bergantim pirata, tão atrevido e veleiro que menosprezou o famoso corsário Barba Ruiva.

Há incrédulos que negam a existência de Schubri, de tão maravilhosos que são seus feitos. Mas um ser fantástico poderia acaso chamar por tão longo tempo a atenção da *Gazeta de Augsburgo*, do *Mercurio de Suavia*, da *Gazeta Oficial de Prússia* etc.?

D. Dimas Camándula

Verdade é que estes jornais deram às vezes notícias de Schubri assaz contraditórias; que o suicidaram, enforcaram, ressuscitaram, depois queimaram vivo; mas só Deus sabe o que se passa nas covas dos montes Kraparks, porque Schubri é nelas um ser essencialmente misterioso, enquanto os papéis públicos lhe fizeram morrer mil vezes, como o gigante da fábula, que recebeu dos Deuses três almas para um só corpo.

José Schubri nasceu em 1803 em Funfkircheu, povoado da Hungria, situado às margens do Sava e Danúbio. Seu pai, rico fabricante de curtidos, enviou-lhe ainda muito jovem à universidade de Gœtta, com esperança de que, com o passar do tempo, ele chegasse a ser conselheiro áulico, pelo menos. Nenhum jovem foi em um princípio tão aplicado, nem manifestou maior entusiasmo por apreender. Dotado de inteligência vivaz e penetradora, não tardou muito em se transformar na águia da universidade e, em pouco tempo, familiarizou-se com as ciências exatas e naturais e também com a maior parte das línguas vivas e mortas. Estudou a fundo todos os sistemas filosóficos, dos quais tirou, sem dúvida, a triste conclusão de que a verdadeira filosofia consiste em romper os obstáculos das leis divinas e humanas e em depreciar a opinião pública. E que coisa tão singular! O mesmo homem que tanto cobiçou depois o direito de propriedade começou por ser em Gœtta um erudito jurisconsulto. Não pretendemos tirar nenhuma conclusão satírica deste contraste, senão assinalar simplesmente um fato.

O certo é que seus catedráticos haviam se afeiçoado a ele e se extasiavam ao ver seu discípulo favorito tão recolhido e meditador.

Um dia perguntou a si mesmo, entretanto, como o velho Fausto de Goethe, para que lhe haveria de servir tanta ciência.

A arte de roubar

Até então estudava sem sonhar sequer que haveria de empregar os tesouros que acumulava no seu cérebro, e uma só folhada da vida positiva lhe instaurou de repente uma dúvida em seu espírito. Não é que pensasse, como o velho doutor, em sondar os mistérios que nos escondem certas religiões ocultas; nem recorreu tampouco à alquimia, menos ainda fez pacto com o diabo, porque, jovem e bonito como era, não tinha nenhuma necessidade destes recursos para que outras Margaridas se apaixonassem por ele. Uma série de sofismas lhe deu a conhecer que a ciência era uma palavra vã, nem podia fazer feliz ao homem; que o sorriso de uma mulher valia cem vezes mais que todos os triunfos acadêmicos; que o fumo do vinho devia ser melhor que o do incenso; e, enfim, que fosse de beber, apaixonar-se, jogar e brigar, nada havia na Terra que merecesse de boa-fé ter apego à vida.

Uma vez formada esta teoria, entregou-se à sua prática com aquele ardor de execução que em grau supremo o caracterizava. Já não se falava de outra coisa em Goetta que dos seus desafios, suas orgias e aventuras amorosas. Consternou tão brusca negação de fé a todos os seus catedráticos, e um deles até ficou gravemente doente, porque, encontrando uma noite Schubri, orgulho e esperança sua, que saía bamboleando-se de uma taberna, com três ou quatro *schnapphuns* de sua laia, chamou-lhe a atenção paternalmente, e seu discípulo, seu Benjamim, respondeu-lhe zombando, tratando-o de velho múmia e de cabeleira tingida.

Fez-se, pois, Schubri herói dos seus comparsas, assim como havia sido modelo da juventude estudiosa. Impunha tanto por sua fibra e audácia aos seus companheiros que todos o respeitavam e temiam. Ninguém como o ex-jurisconsulto manejava efetivamente qualquer arma com tanta graça e desenvoltura, nem cortava com mais destreza uma orelha do seu adversário. Nos garitos onde passava a noite com outros estudantes jogando, bebendo e fumando, era sempre o último que caía debaixo da mesa; e como a ciência não tinha afogado a sua imaginação e bom gosto, compunha letra e música para canções que no mesmo instante tornavam-se populares, e não desdenhavam ao ser comparadas com as melodias de Schubert. Com respeito às mulheres, seria necessária a paciência de um Leoporello para enumerar às que fascinou o *d. Juan Húngaro* com seus rasgados olhos, seu corpo esbelto, cabelo loiro e voz suave e carinhosa. O certo é que Schubri assustava muitos conselheiros áulicos e privados, e que ao mesmo burgomestre tinha em brasas: até se assegura que levou a ingratidão ao extremo ao cobiçar a mulher do seu mestre de filosofia, a qual não teve valor de desprezar tão comum ultraje.

No meio dessa alegre vida, ocorreu uma catástrofe que não era fácil prever. Existia no castelo de Gœtta uma magnífica galeria numismática que excitava a admiração de todos os estrangeiros. As medalhas que entravam naquela coleção eram de grande valor, não só pela sua raridade, senão também porque estavam acunhadas em precioso metal. Bom é advertir que o pai de Schubri, cansado de saber que seus *rixdales* e *thalers*[22] se iam em vinho do Rin e festanças, mandou que seu filho voltasse para Funfkiercheu e, não obedecendo Schubri, havia decidido não lhe enviar mais dinheiro. Pouco importou a Schubri esta decisão no início, porque contraía dívidas e pedia emprestado,

---

22 Moedas da época.

A arte de roubar

até que, não achando mais quem lhe fiasse, caíram-lhe em cima os credores como cães de presa, sem deixá-lo nem a sol nem a sombra.

Passeava uma tarde com alguns companheiros, perto do gabinete de numismática, falando do rigor do destino e da inumanidade dos pais, quando um raio de luz, um instinto para ele desconhecido até então, se desenvolveu de uma vez, e bruscamente declarou aos seus amigos se queriam segui-lo em seu arriscado plano, que ia fazê-los a todos ricos. "Como?" "Ouçam-me: aí dentro há mais ouro e prata de que necessitamos para viver alegremente pelo resto das nossas vidas. Não é um escândalo que ninguém aproveite esse tesouro, e que esteja aí parado, enquanto morrem de fome tantos homens de bem? Eu arranjarei isso. Esta noite entraremos: fundiremos o ouro e a prata e partiremos para vendê-los em Bremen ou a Hamburgo. Que poderão dizer de nós em todo caso? Irão nos criticar talvez esses babacas que com a boca aberta olham e nada entendem, que se contentam em admirar a efígie dos doze Césares e a do imperador Federico Barbaroja; e pela vida do diabo que mais que tudo isso vale uma garrafa de vinho de Tokai, ou uma só pitada de tabaco". Aceitou-se a proposição por unanimidade.

Foram, pois, armados e de noite ao gabinete de numismática, que não tinha mais guarda que um porteiro. A ideia era surpreendê-lo; mas, traindo-os a claridade da lua, começou a gritar o guardião e alarmou um corpo da guarda que estava perto do edifício. Fugiram então os estudantes cada um para seu lado. Schubri escapou até o Rio Leina; mas, cercado por quatro soldados, e não encontrando outro modo de salvação, extenuado quase, atirou-se às amarelas e espumosas ondas da corrente.

D. Dimas Camándula

Detiveram-se atônitos os soldados, que contavam já por segura a presa. "Homem à água!", disse um deles, e se foram embora acreditando que ele tinha se afogado.

Depois de lutar a braço partido contra a força da corrente, Schubri conseguiu chegar à margem oposta, onde se atirou ao chão, sem alento já para resistir.

Levantou-se passada uma hora, como pôde, e começou a andar em direção a uma luz que brilhava a curta distância: chegou, por fim, ao castelo de Friededstein, lindo monumento gótico daquele país, e deslizou furtivamente para o estábulo da quinta, com o objetivo de ali passar o resto da noite. Saiu do esconderijo antes que despertassem os criados, tomando o caminho de Erfurth.

Nenhum temor podia ter neste povoado de que o descobrissem; mas lhe acometia a fome e não tinha dinheiro para amainá-la. Afortunadamente conservava ainda um anel de ouro maciço com um precioso brilhante, presente de uma rica senhora de Goetta, a quem havia jurado guardá-lo, como recordação dela, até o último suspiro; e cheio de júbilo correu imediatamente até um jovem joalheiro judeu, que o comprou por dez *thalers*. Com eles passou a Hamburgo e dali, em um navio, foi para a Suécia com o objetivo de se reunir com alguns dos seus discípulos que na ocasião estavam no ginásio da Universidade de Upsal.

Escreveu então ao seu pai, alegando a ele que havia saído repentinamente de Goetta por causa de sua saúde e que estava decidido a estudar na Suécia com mais afinco do que nunca. Seu pai acreditou nele e voltou a enviar-lhe a mesada.

Havia traçado, de fato, o melhor plano de reforma; mas as paixões tinham já demasiado império em sua alma para que conseguisse combater a sua influência. Alguns de seus comparsas, na tentativa de roubo ao gabinete de numismática, buscaram também asilo na Universidade de Upsal e pouco tardaram, por conseguinte, em entregar-se aos seus primeiros desleixos. Contraiu, pois, novas dívidas e se deixou outra vez envolver nos mais terríveis apuros.

Acabava de jantar uma noite na *Aguila Negra*, imensa bodega, iluminada por uma só lâmpada suspensa na abóboda, que só servia para tornar mais visível a escuridão que ali reinava, quando, assaltado pelas mais negras ideias e resolvido já a jogar-se aos pés do seu pai, tocaram suas costas. Levantou-se bruscamente e viu com surpresa que era Wilhelm-Karpfen, comparsa também de sua expedição contra o gabinete das medalhas.

— Você por aqui? Estava certo de que você já era, pelo menos, alma do outro mundo.

— Por milagre não o sou, respondeu Karpfen: porque aqueles malditos saxões me levaram para a cadeia de Goetta, de onde teria saído só provavelmente para o patíbulo, se eu não tivesse a sorte de a filha do carcereiro se interessar por mim. Pobre Federico! Deus o abençoe. À força de súplicas, e de jurar-lhe eterno amor, obtive daquela inexperiente pombinha que debaixo da cabeceira da cama do seu pai tirasse as chaves de minha prisão e saí, não sem chorar a lágrima viva de separar-me daquele meu anjo da guarda. Livre já, e tendo o mundo para mim, me juntei com uma companhia de cômicos itinerantes. Bem sabes tu que sempre tive gosto e disposição para o palco. Faltava-lhes um papel: ofereci-me e, percebendo eles minha nobreza e arrogante postura e, sobretudo, a dignidade com que vestia minhas roupas, contrataram-me para ajudar a vestir os atores e acender as luzes. Mas cansado de vegetar em tão humilde esfera, consegui em Ratisbona sair com o papel de Spiegelberg, de *Os bandidos*, de Schiller, e gostei tanto que até o público me atirou flores. Animado com tão bom êxito, me despedi da companhia e vou agora me juntar a outra de alemães que esteve nesta cidade e saiu dias atrás.

— Ah! Então quer dizer que fizeste o papel de Spiegelberg? Dou-te os parabéns, porque não há profissão melhor que a de cômico, um bom ator vive em uma só noite mais que outro homem qualquer em seis meses. Quem dera eu pudesse sê-lo!

— E por que não? Sabes que farias bem Cárlos Moor?

— Sério?

— Digo-te isso com formalidade. Olhe, se queres daremos alguns espetáculos em Upsal. Levarei comigo uma atriz que me segue em minhas aventuras e faz divinamente o papel de Amelia. Mas de onde diabos tiraremos os atores que nos faltam?

Entravam tumultuosamente nesse momento Miltfei, Zacarias, Pfister, Enrique Zaum (o que miseravelmente guilhotinaram em Colônia poucos meses atrás) e outros do bando de Schubri.

— Toma! Aí os tens. Olá! Amigos, apresento-lhes o melhor trágico da Alemanha, o qual tem a bondade de querer repartir conosco o seu sucesso dramático. Que acham? Por mim, estou decidido a ser cômico. Sigam-me na minha nova carreira: não há vida melhor no mundo, nem de mais agradáveis sensações. Em três dias podemos aprender os papéis de *Os bandidos*, esse sublime drama que tantas vezes nos comoveu.

— Não é má a ideia — respondeu Miltfei —, mas não te lembras das vaias e insultos com que foram acolhidos os cômicos que partiram daqui outro dia?

A arte de roubar

— Porque eram uns miseráveis comediantes — replicou Schubri —, incapazes de compreender e expressar os pensamentos do grande Schiller. Por outro lado, nossa qualidade de estudantes excitará a curiosidade do público. Não há dúvida; sairemos engrandecidos desta empreitada.

— Tem razão — disse Zaum. — Todavia é preciso viver, e nós não temos casa nem lar.

— Talia e Melpómene nos oferecem asilo.

— Bravo! — gritaram os demais. — Um brinde, então, à nossa próxima felicidade.

E à luz do ponche se repartiram os papéis.

Poucos dias depois saiu um anúncio que uma sociedade de estudantes teria a honra de representar, sob a direção do célebre autor Wilhelm-Karpfen, o magnífico e incomparável drama *Os bandidos*, de Schiller. A Suécia está tão perto da Alemanha que quase todos falam a língua deste país. Os homens de Schubri, Miltfei e demais, muitíssimos conhecidos em Upsal, chamaram imenso público ao teatro. Os atores, jovens, cheios de inteligência e imaginação, compensaram com a sua inspiração a falta de prática; e como além do mais não eram parvos, fizeram *Os bandidos* com a maior destreza e às mil maravilhas. Karpfen, no papel de Spiegelberg, fez uma encenação sublime da infâmia, da blasfêmia e maldade. Como Francisco Moor, encenou Mitfei com a mais odiosa verdade de um hipócrita, mau irmão e pior filho. Mas Schubri, sobretudo, trabalhou admiravelmente, e demonstrou tanta nobreza, tanto abandono e paixão no papel, cheio de contrastes, de Cárlos Moor que fazia sucessivamente chorar e estremecer os espectadores. O drama terminou unanimemente aplaudido.

D. Dimas Camándula

Os atores se reuniram após o espetáculo em um tumultuado banquete e beberam muito Tokai e Jojannisberg em celebração de seu triunfo. Pagas as despesas, cinco mil florins foram as entradas.

— Amigos, disse Zaum, um brinde a nosso herói, a nosso salvador, ao ilustre, ao grande Schubri. Ontem não sabíamos a que santo nos encomendar e hoje somos já ricos. E a quem o devemos, senão à fertilidade da sua imaginação?

— Bravo! Viva Schubri! — gritaram todos.

— De hoje em diante — continuou Zaum — levaremos uma vida cheia de glória e semeada de prazeres e viveremos em cima do dinheiro. Quão feliz é a vida do comediante! Descansa de dia em brandos lençóis; de noite, sensações de fogo, olhares do público, palmas que embriagam e desmancham de prazer; e, além disso, esplêndidas festanças, ruidosas orgias, mulheres desbordando juventude e beleza.

— Entusiasmo de bebedeira — interrompeu Karpfen. — Bem sei eu que não conheces o público caprichoso e exigente: hoje bate palmas para o que talvez vaie amanhã. E, em lugar dessa alegre vida que acabas de pintar para nós, quantas vezes um comediante renegado pelos espectadores vê em toda a sua nudez uma realidade prosaica, e o infeliz ainda tem de lutar contra a fome e a miséria!!!

— Pois bem — disse Schubri —, nesse caso renuncio ao teatro, porque acabo de ter uma sublime inspiração. Ouçam-me, amigos: já bebemos todos na taça do prazer, e loucura foi tentar afastá-la diante de nossos lábios. Quem de vocês poderia já resolver vestir o arnês que chamam os *filisteus* de vida arrumada? Só um caminho nos resta: romper com a sociedade. Fartos estão todos de saber que depois de terem visto representar a

A arte de roubar

Os bandidos, em Manheim, deixaram os ginásios e as universidades muitos jovens para levar nas selvas uma vida independente igual à que nos pinta Schiller. Então vamos imitá-los. Éramos bandidos nos palcos não faz muito; sejamos na realidade. Os montes Kraparcks nos fiam seguro asilo: vamos estabelecer neles nosso domínio. Ali seremos verdadeiros reis: ali grandes e pequenos nos pagarão. E, como dizia no drama desta noite Spiegelberg, despojar aos desafortunados ricos de um terço das suas inquietudes; fazer circular o dinheiro que obstruído o têm em impuros canais; restabelecer uma balança igual nas fortunas; ressuscitar o século de ouro; aliviar a terra de inoportunas cargas; evitar que o deus das vinganças envie guerra, pestes, fome e médicos: tudo isso não é ser homem de bem? Não é ser o braço direito da Providência?

— Falas como um oráculo, respondeu Karpfen: estou pronto para segui-los.

— E eu – disse Zaum. – Pela vida de Satanás que me enfeitiçaram os seus argumentos.

— Como um novo Orfeu, adormeceste a minha consciência – disse Zacarias.

— Se *omnes consentiunt, ego non disentio* – disse Pfister.

— Viva! – exclamaram os demais. – Schubri é um herói, e será bom capitão.

— Outro gole, pois, e amanhã vamos em frente.

Alguns meses depois o nome de Schubri já era célebre na Alemanha e tinha a suas ordens quinhentos homens perfeitamente organizados. Em seu grupo se viam jovens Byrons de errante vocação, desertores de todos os países, libertinos cheios de dívidas, catedráticos e empregados do comércio despedidos

D. Dimas Camándula

de seu ginásio ou das suas lojas, a maior parte, enfim, gente de boa educação e de um trato regular.

Supõe-se que os principais senhores húngaros tenham protegido a depredação de Schubri, a fim de que se respeitassem as suas propriedades; mas é falso. Schubri jamais anulou sua máxima favorita: restabelecer o equilíbrio das fortunas. Sempre protegeu os pobres e, aos ricos, fez-lhes guerra sem quartel. Dois feitos o provam.

Passeava certo dia e encontrou um bandido dos seus que queria tirar um burro de um pobre viajante. O infeliz gritava porque não tinha outro recurso para alimentar a sua família e acabou levando pauladas do bandido. Enfurecido, Schubri atirou nele com uma pistola e devolveu o asno e até algumas moedas ao arreeiro. Dizem que foi o único assassinato da sua vida.

Acossado outro dia pelos dragões imperiais, pôde se salvar da peleja e, entrando no bar de um povoado em que estavam reunidos vários senhores húngaros, sentou-se à mesa entre eles. Falou-se durante a comida de Schubri, diziam que com a vida acabava de pagar os seus crimes e chegaram até a dar detalhes circunstanciados de sua morte. Descreviam Schubri como um homem atroz, como um monstro sob todos os aspectos. Ria-se o desconhecido e em conversa geral demonstrava os seus conhecimentos com tanta graça que chamou a atenção de todos. Depois de comer, mandou selar o cavalo e, ao despedir-se, disse: "Senhores, Schubri não morreu, porque os senhores acabam de comer com ele". E, dirigindo-se ao marquês de... e ao conde...: "Não tardaremos em nos ver":. E montando o cavalo com maravilhosa rapidez, apertou as esporas e em um instante o perderam de vista. Cumpriu a sua palavra ao conde

A arte de roubar

e ao marquês: oito dias depois invadiu seus castelos, exigiu quinhentos ducados a cada um deles e lhes tirou as hastes de prata dos seus leques, repetindo a cada passo: "Não disse aos senhores que não tardaríamos em nos ver?"

Impossível nos foi seguir até o fim a carreira do moderno Robin Hood, contando o seu misterioso poder na Hungria; a intrepidez com que se bateu mil vezes com inimigos superiores em número; sua presença de espírito no campo de batalha; e, sobretudo, o crescente com que conteve e disciplinou tantos criminosos, afogando o seu sanguinário instinto. Lástima é que Schubri não empregasse seus extraordinários conhecimentos e valor em benefício da humanidade!

Mas Schubri já morreu ou vive ainda? Algumas gazetas alemãs afirmam que, vendo cair ao seu lado Miltfei, Karpfen, Pfister e outros companheiros em uma travada peleja, Schubri se suicidou com um tiro na cabeça. Entretanto, diz o *Diário de Frankfurt*: "Hungria, 10 de julho. Murmura-se que a morte de Schubri foi falsa e não tardará em aparecer de novo. Acredita-se que ele mesmo fez espalhar a notícia da sua morte para que não seguissem suas pegadas."

Quem sabe se como uma sombra será visto deslizando outra vez por entre os castelos dos senhores da Hungria; ou aparecerá faccioso em Portugal, ou com d. Cárlos; ou fará tremer os mares como experiente pirata; ou poderá ser admirado talvez, elegante e cheio de joias, ocupando a cadeira principal em qualquer um dos principais teatros da Europa, como fez zombando de todos em distintas ocasiões! (Escrito em agosto de 1837).

D. Dimas Camándula

Vida de Cartucho

Luis Domingo Cartouche nasceu em Paris, no distrito ou bairro chamado Courtille, no ano de 1693. Seu sobrenome, popular na França, serve para caracterizar todo ladrão astuto e ousado. Era filho de um taberneiro. Seu pai que, a todo custo, queria fazer dele pelo menos um procurador causídico, o fez entrar no colégio de Luis o Grande, precisamente na época em que Voltaire cursava também a dita escola. Já nos bancos do colégio, Cartouche começou a exercitar a sua destreza em esvaziar bolsos. Um roubo mais atrevido que os demais e que lhe saiu mal obrigou-lhe a fugir do colégio. Esteve logo alguns meses na casa paterna; e tendo roubado várias vezes seu pai, este resolveu encerrá-lo em San Lázaro: mas o pequeno vagabundo evitou tal catástrofe, pondo-se a correr. Roubado por uns ciganos, logo se tornou seu discípulo, aproveitou as suas lições melhor que as do colégio e em pouco tempo achava estar apto para ensinar os seus mestres. Alternativamente larápio, golpista, trambiqueiro nos inferninhos, espião e agente dos sargentos recrutadores, Cartouche caiu na armadilha e também se deixou prender. Ganhou paciência e, assim, a confiança dos seus oficiais, destacou-se na primeira campanha e conseguiu alguma promoção, quando voltou à paz e foi reformado.

De volta a Paris, congregaram-se em torno dele vários soldados e sargentos a quem a paz os havia deixado, como a ele, sem ocupação e sem pão; tornou-se seu chefe e, com eles, *trabalhou* noite e dia nas ruas e casas de Paris. A pasmosa destreza de sua mão, sua admirável presença de espírito e seu valor a toda prova deram-lhe muito rápido um invencível ascendente sobre os seus subordinados. Sem contar os cúmplices que, como ele,

A arte de roubar

não tinham mais profissão que a sua indústria criminal, muito rápido contou afiliados no corpo de desocupados, nos guardas franceses e até entre a nobreza: suas relações e inteligências se estendiam a todas as províncias. Fez regulamentos para organizar as suas quadrilhas, uniu seus cúmplices com os mais fortes juramentos e se reservou um poder de déspota sobre todos os membros da associação, com o direito de vida e de morte que exerceu várias vezes.

Assassinava com toda a calma e sem cólera. Esse ar de serenidade lhe dava certa aparência sedutora que ele sabia explorar às mil maravilhas para sacrificar vítimas. Era de estatura baixa, mas forte e de agradável continência. Resistindo à polícia, apresentava-se sozinho nos lugares mais públicos, assistia aos teatros e até a certas tertúlias particulares, nas quais sabia se portar como homem fino. Às vezes se aproximavam dele um ou dois desocupados, mas a magia dos seus olhares e os irresistíveis argumentos que sempre levava com ele (duas excelentes pistolas) faziam que os homens da segurança pública fugissem saudando-o com uma espécie de respeito. O desocupado Huron e o sargento Petit, que foram menos prudentes, morreram em suas mãos. Quando os seus adversários eram fortes, sustentava com eles terríveis combates, dos quais saía sempre vencedor, graças à sua valentia e à sua destreza em manejar as armas.

Os infinitos e numerosos roubos que diariamente se cometiam em Paris, e o sinistro rumor de vários assassinatos, fizeram que o Parlamento e o ministro de Guerra Leblanc somassem seus esforços aos da polícia para prender Cartouche. Isso se passou em 1720. Foi então motivo de todas as conversas: no teatro, no café, nas tertúlias não se falava de outra coisa senão de Cartouche. Este reuniu seu conselho e, seguindo o ditame dos conselheiros, ausentou-se de Paris. Apesar da apertada vigilância, conseguiu chegar a Orleans e passou logo para Borgonha, sem ter nenhum encontro perigoso. Em Bar- -sur-Seine entrou com o nome de Cárlos Bourgnignon, numa família rica e honrada, fingindo-se filho único de uma boa anciã, a qual, acreditando conhecê-lo, prodigou-lhe todo o seu carinho. Se houvesse sido inteligente, ou melhor, se a natureza não o tivesse arrastado invencivelmente a uma vida de perigos e aventuras, Cartouche poderia ter vivido e morrido daquele modo tranquilo e personificado com o nome de um bom fazendeiro de província; mas a sua falsa honra, unida às imperiosas paixões, fez que regressasse a Paris. Seus associados mostraram as contas da administração de cada *departamento* que cada qual tinha encarregado, e logo aprovou ou reprovou, recompensou ou castigou, segundo acreditou justo e conveniente. Estes atos de poder soberano, exercidos sem contradição, faziam- -lhe dizer de si mesmo que era um verdadeiro rei; que tinha favoritas, aduladores, riquezas e súditos. E para que a semelhança fosse mais completa, tampouco lhe faltaram traidores que o venderam. Denunciado por um dos seus mais íntimos confidentes (um tal Duchâtelet, gentil-homem e soldado da guarda), foi capturado na cama, em um albergue de Courtille, em 6 de outubro de 1721. Levado primeiro ao calabouço com escotilhão do grande Châletet, fez uma tentativa inútil de evadir-se e foi trasladado ao órgão responsável, onde foram tomadas precauções muito extraordinárias para guardá-lo. Sua causa, avocada ao Parlamento (o qual deu lugar a sérias contestações da câmara criminal da cidade), foi instruída pela sala da Tournelle. Na cadeia, como diante dos juízes, manifestou uma calma e uma alegria imperturbáveis. Personagens e damas de primeira categoria, entre outras a marechala de Boufflers, tiveram a curiosidade de ir visitá-lo. O ator Le Grand, autor da comédia *Cartouche ó Les Voleurs*, foi também vê-lo e acreditou ter de compartir com ele os emolumentos do seu drama, pois lhe deu cem escudos. Esta peça em três atos, representada no Teatro Francês na segunda-feira, 20 de outubro de 1721, não foi a única na qual aparecia como herói o famoso bandido, pois no mesmo dia os comediantes italianos lançaram *Arlequim Cartouche*, comédia de cinco atos de Ricoboni pai. A comédia de Le Grand se apresentou treze vezes, mas no fim a autoridade a proibiu pelas queixas de Cartouche, que disse que não era certo fazer a França inteira rir às suas custas.

Os cúmplices de Cartouche tinham sido presos às dúzias: todos foram acareados com ele, que disse não os conhecer, e eles declararam o mesmo a respeito de Cartouche. Primeiro pretendeu fazer-se passar por Cárlos Bourguignon, cujo papel havia representado em Bar-sur-Seine, e logo por um tal Juan Petit. Reconhecido pela sua mãe e por seu segundo irmão, que confirmaram a sua identidade, manteve-se na negativa e nem nas atrozes dores do tormento quis confessar seu nome, nem seus crimes, nem seus cúmplices.

Como consequência da sentença do Parlamento de 26 de novembro, foi conduzido no dia seguinte à Praça da Greve para ser esquartejado vivo. Esperava que seus comparsas fizessem algum movimento para resgatá-lo, segundo lhe tinham prometido; mas não vendo mais que os verdugos e os guardas, foi conduzido ao Hôtel-de-Ville, confessou tudo e revelou os nomes de seus inumeráveis cúmplices. Entre eles havia muitas senhoras e alguns gentis-homens bem conhecidos. Designou ainda quarenta pessoas da serventia de Luisa Elizabet, uma das filhas do Regente, que ia à Espanha para casar-se com o príncipe das Astúrias. Após estas revelações, aceitou Cartouche os consolos da religião, que até então tinha recusado, e sofreu com valor seu suplício. Tinha sem dúvida gravado no coração aquele dito profundamente filosófico de um bandoleiro, que, vendo se abater um dos seus cúmplices diante o cadafalso, exclamou: *Miserável! Não sabes que estamos expostos a uma doença maior que a do resto dos homens?*

Paris inteira se aglutinou a contemplar o cadáver de Cartouche na casa do ajudante do verdugo, quem o vendeu depois aos cirurgiões de San Cosme. Pintores, gravadores e poetas exploraram o nome de Cartouche, que foi ainda não faz muitos anos o herói de um melodrama francês.

Vida de Mandrin

Luis Mandrin nasceu em Saint-Etienne-de-Geoire (Terra do Delfim) por volta do ano de 1715. Filho de um ferreiro, foi esquartelado vivo em 26 de maio de 1755, em execução de uma sentença dada dois dias antes pelo tribunal criminal de Valence. De soldado desertor, passou a grande contrabandista e desenvolveu em suas correrias uma verdadeira capacidade militar. Luis Mandrin deveria ter nascido alguns anos mais tarde e, sem dúvida, depois de 1789, haveria engrossado a listagem daqueles guerreiros que das últimas classes da sociedade se lançaram à primeira, conquistando um bastão de marechal,

A arte de roubar

um ducado, um principado e até um trono. O desertor Mandrin, feito contrabandista, soube disciplinar uma quadrilha de bandidos, que conquistou um povoado e que só cedeu a um corpo de seis mil homens destinados à sua perseguição, não era um personagem vulgar.

Mandrin tinha uma fisionomia interessante, um olhar ousado e a palavra viva; com as paixões mais fogosas juntava uma serenidade imperturbável: em uma palavra, possuía todas as qualidades que distinguem os homens nascidos para mandar. Finalmente, no mesmo nível de Henrique VIII, nunca soube o que era recusar os desejos de uma mulher nem a vida de um homem à sua cólera.

Mandrin foi herói de várias comédias e melodramas.

———

Quanto eu daria agora para entreter os meus leitores com a biografia exata e detalhada dos *Serrallongas*, dos *Giberts*, dos *Niños de Ecija*, dos *Barbudos*, dos *Tiñetas* e demais próceres espanhóis que se fizeram ilustres nos fatos do crime, das falcatruas e do contrabando! Mas não há recurso; faltam-me dados, tempo e espaço. Encarrego muito encarecidamente aos nossos biógrafos, entretanto, que não percam de vista a suma importância de um Diccionario biográfico de los ladrones, estafas, rateros y contrabandistas más célebres [Dicionário biográfico dos ladrões, estafas, larápios e contrabandistas mais célebres]. Se desempenharem bem a obra, não lhes faltarão assinantes e compradores em grande quantidade. Tampouco faltarão nomes para encher um bom abecedário. As mulheres célebres encontraram felizmente um Canseco:[23] Por que não encontrarão heróis em meu livro? Por minha vez, concluirei com o seguinte artigo copiado da *Revue Britannique* (maio de 1836).

Os ladrões de Londres
(Confissões de um deportado)

Vejo-me aqui em *Botany-Bay*. Deportado duas vezes, duas vezes condenado, mil vezes culpado, consegui reconquistar nesta nova pátria onde vivo não consideráveis distinções, mas sim uma riqueza comparativa. A lei me destinou a um desterro perpétuo; e seguramente tenha tido razão, tanto pelo interesse dos habitantes de Londres como no meu próprio. Isso é o que me fizeram conhecer 45 anos de deportação, 67 de idade e também o fato de eu ter uma chácara, umas vacas e uns cultivos; mas quantas vezes, durante este tempo, a ideia da antiga vida tem me atormentado, e não tenho deixado de lado os meus antigos costumes, com seu desassossego, com as suas *batalhas*, com seus perigos incessantes!

Eu não conheço os meus pais, não conheço a minha família, não conheço os princípios da minha existência; não conheço nem tenho outra pátria senão a casa de caridade, onde recolhem os órfãos e os bebês abandonados. Até os meus dez anos, não houve pessoa que me falasse uma só palavra de carinho, além do velho professor da escola, que vez ou outra colocava a mão sobre a minha cabeça e exclamava com ênfase:

---

23 O distinto escritor d. Vicente Diez Canseco está publicando (e acredito que sem se arrepender) um *Diccionario biográfico universal de mujeres célebres* [Dicionário biográfico universal de mulheres célebres].

"Já adiantará, já adiantará!"

Aos onze anos de idade, portanto, não tinha ouvido mais que tristes ameaças, ou rezas não menos tristes; nem tinha visto mais que paredes sujas, rapazes pálidos e chorões; empregados e ajudantes malditos pelos seus discípulos, a quem eles pela sua vez maldiziam; capelães dorminhocos e cruéis; velhas que deviam cuidar da nossa roupa e que, mal pagas pela administração, vingavam-se descuidando delas. A benevolência do professor que citei me permitia o prazer de ver as ruas, deixando-me acompanhar a uns dos rapazes. Como respirava eu então! Que ditoso era ao ver que desapreciam os rapazes da minha prisão! Este era um inferno para mim; as ruas, a liberdade eram a glória.

Disse-me um dia o rapaz de quem falei: "Que fazemos nesta casa? Que felicidade nos espera nela? Acredita em mim; fujamos daqui. Venha comigo; eu te ensinarei o que é a vida." A vida! Eu não tinha conhecido até ali senão sofrimento. Meu peito palpitou com força, e aquela voz me pareceu a voz de um anjo...

Mas eu tive fome; eu não tinha princípios; nada sabia, não conhecia ninguém e nem ninguém me amava. Estava, pois, destinado a aumentar a imensa população de vagabundos e larápios daquela corte, exército ativo, inteligente e que, dominado pelo sentimento de sua própria conservação, não descuida de nenhum meio para encher as lacunas que a justiça lhe abre diariamente. A necessidade e o acaso me alistaram sob a sua bandeira.

O inumerável corpo de ladrões de Londres se divide em duas grandes classes. Compõe-se o primeiro de um pequeno grupo de três a cinco pessoas, que quase sempre se vendem uns aos

D. Dimas Camándula

outros quando consumam algum crime. A polícia conhece a todos, e nada é mais fácil que a sua perseguição e sua captura.

A outra seção, bem superior a essa primeira, leva o nome de *swell craksmen*, grandes ladrões. Sua organização é tão complexa, e tão perfeita sua disciplina, como o podiam ser as dos exércitos de Wellington ou de Napoleão. Os episódios seguintes irão justificá-lo, sobretudo no que diz respeito ao mistério de que se cobre, e a ignorância em que estão seus instrumentos da inteligência que os guia. Nunca são vistos nas tabernas, onde os agentes de segurança poderiam descobri-los. Os espiões percorrem a cidade e adquirem as informações oportunas; os chefes inventam o modo de aproveitá-las; e outros cometem os crimes, trabalhando cada um pela sua parte sem conhecer os seus companheiros.

Minha entrada em uma destas corporações (Londres conta com duas ou três distintas) não foi simples nem rápida. Dos onze aos vinte anos percorri mais de sessenta trabalhos, todos eles miseráveis, abjetos, de pouca utilidade. Ultimamente era *resurreccionista*[24] e vendedor de cadáveres: esta foi uma transição natural para me tornar larápio.

Eu não irei me referir aqui aos trabalhos e azares daquela vida: só direi que por um deles fui conduzido ao tribunal de *Bovv-Street*, de onde, depois de algumas idas e vindas, fui libertado. Mas, uma vez na rua, chegou até mim um homem que tinha estado presente no julgamento e, olhando-me dos pés à cabeça, exclamou: "Meu Deus, como se ocupa um homem do vosso mérito, andando à caça de cadáveres! Está bem vestido e

---

24 Os que desenterram e roubam os mortos para vendê-los aos cirurgiões e estudantes.

A arte de roubar

sem dúvida não ignora que essa seja a sua primeira salvaguarda... Continue, eu posso ajudá-lo.

— Mas de onde e como me conhece?

— Eu conheço todo mundo, particularmente os que, como você, gostam de viver bem e não estão favorecidos pela fortuna. Tinha sido encarregado de assistir à audiência de *Bovv-Street* e de procurar um homem que se parecesse consigo. Você é precisamente o que necessito. Digo-lhe outra vez que posso ser-lhe útil. Amanhã comeremos juntos e dentro de alguns dias explicar-me-ei melhor."

Comi efetivamente com ele; seguimos nos encontrando, e na quinta reunião por último me disse quem era. Encarregado de recrutar homens para os quadros daquele exército, pouco a pouco me foi revelando a sua missão, as suas intenções e o que se esperava de mim. Jamais nos víamos em tabernas; sempre me conduzia ou me convidava para ir à sua casa, que era decente, ou na dos seus amigos. Após oito dias me pediu que o acompanhasse até *Chesea*: eu consenti. Chegados ao extremo da Rua *Sloane*, se acercou a meu condutor um homem bem vestido e lhe disse: "Pode ir embora. E quanto a você", continuou dirigindo-me a palavra, "iremos comer, se quiser, fora de Londres".

Meu antigo companheiro obedeceu instantaneamente, e o novo me fez segui-lo. Eu aguardava com impaciência que me explicasse de que se tratava.

"Muito bem nos foi falado de você; mas é necessário que saiba o que tem de fazer e o que deve esperar. Minha obrigação é comunicar-lhe isto. Deve estar atento em caso de tomar parte de especulações, sempre lucrativas.

"Não esqueça uma só palavra minha e tenha presente todos os meus encargos. Nele vai a fortuna, e ainda talvez a vida também. Renuncie aos prazeres violentos e grosseiros que os comprometam e que não interfiram em suas novas obrigações. Não voltará a frequentar tabernas, não voltará a andar acompanhado dos vossos antigos amigos. Procure se relacionar com comerciantes, fabricantes e artesãos de boa reputação: não lhe faltará dinheiro para este fim."

Tais foram as suas recomendações. Eu ficava enfadado de ouvi-lo, mas a esperança de melhorar minha situação me conteve. Chegados a Fulhan, entramos em um bom bar e comemos de forma magnífica. Aqui começaram novamente os seus sermões. Recomendava-me, sobretudo, que não cometesse nenhum furto de pouca importância; que não me apropriasse pessoalmente de nenhuma parte do botim que chegasse às minhas mãos. Minha probidade devia ser a toda prova. Soldado disciplinado, deveria obedecer cegamente aos meus superiores, receber um bom pagamento, cumprir minha obrigação e não tomar nada furtivamente para mim.

"Vai ser feliz mais para frente", continuava meu interlocutor com um tom solene e diplomático. "Quase não há perigo, o lucro é garantido e conta com nossa poderosa proteção. Terá instruções mais exatas; será guiado como por uma mão. Mas cuidado para não fazer nada que faça que a confederação perca confiança em você: esta paga bem aos seus subalternos, mas não perdoa a menor infidelidade. Se faltar a seu dever, não escapará à sua vingança. A mais ligeira infração será seguida de um castigo tão rápido como terrível."

Ao concluir essas expressões, colocou na minha mão uma cédula de dez libras esterlinas e me entregou um cartão com estas palavras: "Amanhã, às onze em ponto, à porta da casa da caridade, em frente à Taberna do Elefante."

A arte de roubar

Eu estava atordoado: promessas e ameaças, tudo rodava confusamente na minha cabeça. Como podia dominar-me, enredar-me, perder-me aquela sociedade anônima? Era talvez uma suposição para aterrorizar-me? Era por ventura verdade? Como havia de conhecer as minhas faltas? Como havia de castigá-las, mesmo que as conhecesse?

"Viva, Deus!", exclamei por último. "A sociedade para a qual fui chamado é a miniatura das grandes sociedades. Os poderosos escapam sempre do perigo, os pequenos e frágeis, os que lhes servem de instrumentos, esses são os que caem nele. Eis aqui a história de todas as conjurações. Dirigem lá os que permanecem ocultos: os que se mostram, atores e víti-mas, são o brinquedo das suas paixões. Nenhum risco para os grandes culpados; mas nós... de nós dispõem como peças de xadrez. Para se vingar de nós, não têm mais que impelir-nos e abandonar-nos; a faca está sempre sobre as nossas cabeças."

Estas reflexões me convenceram, e me dei por advertido.

Eis-me aqui de volta a Londres, cheio de veneração à minha sociedade. Procurei o meu primeiro guia, busquei-o por toda a parte, mas jamais em minha vida voltei a vê-lo. Seguramente tinha ido embora de Londres, assim que verificara a sua conquista. Deste modo isolava-se mais, e completavam-se as preocupações contra minha perfídia ou indiscrição. Eu assim o compreendi, e me resignei à minha própria sorte.

Ao outro dia fui pontual. Um homem cujas roupas e maneiras indicavam uma boa educação se aproximou de mim, apresentou-me um cartão igual ao que eu tinha e me disse: "Temos de falar: vamos subir nessa carruagem pública que passa."

Profundo silêncio até nossa chegada a Croidon. Ali entramos em um café, e este terceiro personagem me revelou o sistema completo, a organização inteira da sociedade.

Seus diretores eram pessoas importantíssimas, cujas ocupações consistiam somente no trabalho intelectual. Eles recebiam as informações, faziam descobrir os segredos, traçavam os planos de campanha, moviam e alimentavam seu exército, cuidando para que nunca faltassem abundantes recursos. Nada lhes saía errado, segundo meu companheiro: em dez anos não tinham errado o golpe nenhuma vez. "Pena é", continuava, "que não dirijam os negócios da nação com as mesmas regras com que dirigem os seus. Eu que falo com eles, e que os obedeço, nem os conheço até agora, nem os conhecerei jamais. Eu não sou outra coisa senão um apontador de bastidores, como se diz no teatro. Dou um sinal, e são os outros que executam. Esse é o meu dever, que cumpro exatamente, sem cuidar de outra coisa. Soube de você pelo correio; nem conheço nem me interessa conhecer o autor da carta que recebi. Faça você o mesmo e será feliz. Nada de loucuras, nada de curiosidade, pois em outro caso seu nome aumentará as listas policiais".

Estendeu-se largamente sobre este tema e depois me deixou.

Eu estava resolvido. Ser agente, e não motor; oferecer-me como vítima, uma vez que sempre ficariam cobertos os autores; ser talvez delatado pelos que me estimularam no crime, tudo aquilo era duro, muito duro. Que vida! Que futuro!... Mas não tinha outro, não sabia nada; era um ser sem apoio no mundo; necessitava viver; foi necessário resignar-me.

"Já é *homem de família,* indivíduo da sociedade", disse-me outro dia o embaixador. "Bem! Tenho nas mãos três ou quatro negócios: o seu é muito fácil. Não se trata senão de recolher o

A arte de roubar

que leva uma carruagem pública; de transportar três ou quatro mil escudos à bolsa comum".

— Que diabo! E chama fácil isso?

— Não pode ser mais fácil. Faça o que lhe disserem e nada mais: siga suas instruções à risca. Neste negócio não terá mais que olhar com os braços cruzados. Todos os assentos do interior serão para nós e por isso são necessários. Tome essas dez libras e essas anotações. Compre uma capa com a gola grande de couro, para que dissimule seu rosto. Leve consigo todo o seu dinheiro, porque sempre é necessário estar prevenido para correr cem léguas ao menor sinal. Desta vez não há o menor perigo. Vá, pois, como lhe disse, tomar um assento para Birmingham; e na quinta-feira seguinte volte de Birmingham a Londres. Não fale com ninguém e não repare em nada. As dez libras que lhe entrego são a conta do que definitivamente terá de receber, segundo a tarifa. Cuide para não se relacionar com quem está à sua volta, somente com pessoas honradas; passe oito dias de qualquer maneira, e ao fim deles vá à Rua de Oxford, número 4. Ali perguntará se deixaram alguma carta para sr. Hodson. Adeus: seja prudente e prosperará. Lembre-se de que a prudência é a mãe da segurança: este é o lema da nossa associação.

Fiz tudo que me ordenava. Na manhã seguinte parti de Londres para Birmingham e ao chegar reservei meu assento para a quinta-feira. Quando neste dia fui ocupá-lo, envolto em minha grande capa, já havia no interior outras duas pessoas. Dali a pouco chegou a quarta, ricamente vestida, e se sentou ao meu lado: um dos seus amigos se aproximou para despedir-se: apertou-lhe a mão, observou-nos e, com um pequeno gesto, indicou que tudo ia bem. Eu compreendi o gesto, compreendi

D. Dimas Camándula

que o plano ia ser executado; mas de que modo? Isso é o que eu não compreendia.

Um banqueiro de Birmingham enviava a Londres todos os meses, em um dia fixo, o dinheiro e os bilhetes necessários para recuperar os que estavam em circulação. Em virtude de um convênio com os proprietários da carruagem pública, haviam construído e colocado sob os assentos um pequeno cofre de ferro, com duas fechaduras muito complicadas, cujas chaves só tinham o mesmo banqueiro e seu agente de Londres. Mas os chefes da minha respeitável corporação haviam feito muitas viagens naquela diligência e tinham copiado com cera o molde exato das fechaduras. Não havia sido necessário mais para que o chaveiro da associação fizesse umas chaves que lhes serviriam perfeitamente.

Tudo passou, pois, do modo mais simples. A trinta milhas de Birmingham um dos passageiros tirou as chaves, abriu o pequeno cofre, recolheu o ouro e as notas e os colocou em um saco que levava ao lado. Dali a pouco, nos arredores de Oxford, inventou uma indisposição, desceu acompanhado de outro, que supunham ser médico e quis assisti-lo – e nos deixou levando o tesouro. O terceiro ficou em outro povoado, para ir com um amigo que quis levá-lo à sua casa. Quanto a mim, observando minhas instruções, desci em Henley, sobre o Tâmisa. Segui um caminho de travessia que me conduziu a Marlon, onde subi na primeira carruagem e parti para Londres.

Passados oito dias me dirigi à Rua de Oxford, onde encontrei a carta anunciada. Diziam-me nela que estivesse às duas do dia seguinte no café da Sirena, em Hakney, perto da cidade. Cumpri com exatidão e, ao chegar na entrada, saiu para me receber um homem vestido de preto e com grandes óculos.

A arte de roubar

"És por ventura o sr. Hodson com quem tenho a honra de falar?"

Eu tinha dúvidas sobre o que lhe responder; mas ele continuou:

"Sim, sim, é você mesmo... tudo foi feito perfeitamente. Sua parte corresponde a oitenta libras esterlinas. Deduzidas as vinte que recebeu, ficam sessenta. Tome."

"Mas eu li nos jornais", contestei-lhe, "que o negócio passava de cinco mil."

"Sem dúvida, mas há infinitas pessoas para pagar; e para o que você teve de fazer, me parece que está bem satisfatório. Falemos agora de outro assunto."

"Pois bem!"

"Neste, trabalhará você. É necessário que parta para *Were*, um povoado pequeno do condado de Essex. A corporação sabe que um comerciante de gados deste povoado recolhe normalmente em suas vendas cerca de quinhentas libras esterlinas, que leva guardadas em seu cinto. Arrancá-las violentamente não está em nossos planos. A corporação é como a igreja; abomina o sangue. Esse comerciante de quem lhe falo mora sozinho com uma velha na última casa do povoado: eis aqui a chave. Tome também a da cômoda onde deixa seu dinheiro quando vai se deitar. Entre com cuidado em sua casa, sem acordar ninguém: sabemos quais foram as suas origens e que pode fazê-lo... Na esquina da casa estará à sua espera uma carruagem de duas rodas para o caso de o perseguirem. Entregue ao condutor o que recolher, sem ficar com um só xelim."

Essa expedição não era tão fácil como a primeira. Havia de ser tão bom e tão complacente o comerciante, que se descuidaria de tudo de que eu necessitava para roubá-lo? Sairia eu

203

D. Dimas Camándula

vitorioso, se por desgraça tivesse de lutar? Vacilei por longo tempo; mas o medo de minha corporação pôde mais que todos os outros temores. Por outro lado, eu era fatalista, como o são todos os larápios de Londres.

Principiei, pois, por percorrer e registrar o condado de Essex, o povoado, a casa com todas as suas dependências, e aguardei em seguida o dia assinalado. Meu homem tinha feito boa feira: seus bolsos vinham atestados de dinheiro e seu cérebro turbado com a cerveja e o vinho. Eu o espiei cuidadosamente: deixei a certa distância a minha carruagem de duas rodas: Coloquei de sentinela um homem para que me abrisse a porta para fora em caso de fuga precipitada e a fechasse aos que me perseguissem; por último, entrei na casa. O proprietário dormia e roncava bastante. Subi silenciosamente a escada, entrei no seu quarto e, tirando uma corda que por prevenção levava, estendi-a de tal forma sobre ele que se encontraria preso caso acordasse. Tudo ia saindo às mil maravilhas. Abri a cômoda e comecei a tirar e guardar o ouro. Mas nesse instante se escaparam umas moedas e, ao caírem, acordaram o pobre comerciante. Minha habilidade me salvou. Em menos de um minuto subi na carruagem, e escapamos correndo, mas perseguidos por gente do povoado. O importante papel que desempenhei neste episódio me garantiu uma boa soma na distribuição do butim.

Mas a mais curiosa e engenhosa aventura na que tomei parte é, sem dúvida, aquela que vou contar agora. Ela foi a que exigiu mais precauções, mais prudência, mais destreza manual. Um banqueiro do oeste da Inglaterra, alarmado com as relações dos roubos que se sucediam rapidamente nos carros públicos, tomou a resolução de conduzir ele mesmo os valores que tinha de remeter a Londres. Mandou, pois, fabricar uma caixinha

A arte de roubar

reforçada com placas de ferro, com o seu nome e as senhas em grandes caracteres, e coberta de todas as fechaduras e cadeados imagináveis. Para maior segurança a colocava debaixo do banco da diligência em que ia sentado, e cuidando para ter sempre suas pernas perpendiculares; e não descia uma só vez sem levar debaixo do braço o seu precioso depósito. Tantas preocupações lhe serviram durante cinco meses e teriam desanimado a qualquer um, menos aos nossos diretores, porque isso só serviu para aumentar a sua imaginação e excitar a sua cobiça.

Todos os carros públicos pertencentes a uma companhia estão construídos da mesma forma. Primeiro se tomou a medida daquela parte do fundo da carruagem que estava debaixo do banco e sobre a qual descansava normalmente a caixinha do banqueiro. Com esta medida se cortou e preparou uma prancha ou tábua muito fina, a que, por meio de um forte cordão, podia se mexer da esquerda para a direita. Havia-se calculado que uma pessoa sentada junto ao banqueiro poderia, por meio de um buraco feito no mesmo banco, e que deixasse passar o cordão, poderia, repito, mover aquela tábua, trocar a sua posição e levá-la até debaixo de si, justamente com tudo o que houvesse sobre ela. Se o banqueiro ocupava o lugar pretendido, e isso era fácil de concretizar, tomando os outros lugares, claro estava, segundo o costume, que colocaria a sua caixinha sobre o lugar preparado, e que nenhuma dificuldade haveria para tirá-la daí.

Mas com isso não tinha sido resolvido nem a metade do problema. Era necessário substituir a caixa por outra perfeitamente idêntica; era necessário colocá-la no mesmo lugar, para que o banqueiro a tomasse como sua. O primeiro era fácil: a caixa, idêntica nas suas fechaduras, números e nomes, fez-se com a maior perfeição. A dificuldade estava em pôr a falsa no lugar da verdadeira sem que se tocassem e fizessem barulho.

D. Dimas Camándula

Nossa corporação ocupou todos os lugares, e subimos sozinhos no transporte um pouco antes de a vítima entrar. Livres todo esse tempo para trabalhar, abrimos três buracos na parte de trás do banco. Por esses buracos passamos uns cordões que sustentavam a caixa falsa, colada ao assento, e precisamente sobre o lugar onde se havia de colocar a outra. Tínhamos calculado que, soltando muito devagar os cordões, faríamos cair a primeira sem o menor barulho no lugar que havia ocupado a segunda. Esta manobra dependia da verdadeira destreza que desenvolvesse quem iria sentado ao lado do banqueiro.

Chegou este por fim com a sua caixa debaixo do braço. Colocou-a debaixo do assento, sobre a tábua que devia recebê--la. Em um minuto, essa tábua se mexeu da esquerda para a direita; os cordões que sustentavam a caixa falsa se alargaram e colocaram-na no lugar da outra. A grande capa que cobria as pernas de nosso comparsa e permitia-lhe fazer passar o tesouro conquistado com a ponta do pé debaixo o banco da frente: cortaram-se os cordões com apenas uma tesourada e entraram no bolso do herói da cena. Na primeira parada, descemos todos: o banqueiro recolheu a caixinha que acreditava ser sua, mas a sua foi levada por um dos nossos, que foi embora nesse momento com um pretexto qualquer. Esse negócio gerou à corporação três mil libras esterlinas em ouro e dois mil em moeda local, que foram trocadas por pouco mais que nada, para lhes dar saída rápida e assim evitar todo compromisso.

Poderia contar ainda outras mil façanhas dessa natureza, se não temesse cansar os meus leitores com a monotonia dos meios que usávamos. Mas o que deverá admirar seguramente vocês, se continuo com a história da minha vida, e o que é muito comum entre nós, é o estranho desenlace das minhas

A arte de roubar

aventuras, e minha condenação em um feito no qual era inocente. Contarei as minhas relações com a polícia de Londres e de que maneira percorri todas as classes dos ladrões ingleses. E não me limitarei tão somente a contar um curto número de episódios; direi ao público como se salvam os grandes malvados, enquanto são enforcados os seus instrumentos; direi o vocabulário particular dessas sociedades; direi, enfim, a posição que ocupam nela as mulheres, e como e de que maneira pervertem e danificam a grande sociedade. A formação, a genealogia do crime, a vida das classes que se entregam a ele exclusiva e necessariamente, tudo isso é ignorado no mundo: e se é ignorado, como se há de remediar?

Os filósofos falam em diminuir a soma dos crimes! Arrumar a sociedade de maneira que se possa ganhar o alimento sem vícios, e ser honrado pelos que nos conheçam. Nada é mais difícil no dia a dia, nada é, por conseguinte, mais de temer que o que pugna por evitar.

Se minha mãe, talvez alguma donzela de uma casa ilustre, talvez alguma costureira, talvez a filha de um artesão, foi enganada, seduzida por algum membro do Parlamento, tenho eu a culpa de que isso tenha acontecido? Depois de ter me atirado em um cesto à porta da caridade da paróquia, talvez ela tenha morrido ou tenha entrado em um hospital de dementes, enquanto o meu venerável pai, bradando na Câmara contra a depravação pública, estigmatizando a imoralidade popular, fabricando novas leis para os progressos sociais, cheio de animosidade contra os crimes, esquecia que em seus momentos de desleixo havia atirado ao seio da capital seis ou sete infelizes, que não tinham absolutamente outro destino que o de roubar e serem enforcados. Ah! Diria eu aos legisladores, se tivesse

D. Dimas Camándula

a honra de invadir seu recinto, vejam o que nos leva ao crime. Querem diminuí-lo, acabar com ele? Façam menos fácil o caminho que conduz a ele.

————

Estatística do roubo

Livremos Deus de afundar muito esta curiosa estatística! Examine cada qual o que possui, o que na atualidade é *seu*, ou passa por seu, e veja logo a quanto ascende o que não é legalmente herdado, ou legítimo fruto do seu verdadeiro *trabalho*. Tudo isso deveria rigorosamente entrar em nossa estatística. Mas onde iríamos parar com tais cálculos? Não, não; limitemo-nos aos ladrões excepcionais: não vamos variar o significado que às palavras hão dado o sempre respeitável *uso*, e vejamos o que dizem os estadistas sobre o número e quantidade dos roubos que se cometem nas duas primeiras capitais da Europa.

Roubos em Paris

Segundo dados recolhidos, cada dia acordam em Paris 25 mil indivíduos que não sabem como farão para comer naquele dia.

Deste total de indigentes, há uns cinco mil mais sagazes que os demais, cada um dos quais recolhe, em média, dez francos diários, seja por golpe ou por roubo violento. Isso forma uma soma de cinquenta mil francos ao dia, ou seja, dezoito milhões de francos ao ano.

Acrescentado a essa soma o que roubam os larápios de segundo escalão, calcula-se que o total roubado pelos ladrões e larápios em Paris sobe para *quarenta milhões de francos* cada ano. Estes cálculos foram feitos em 1840.

Roubos em Londres

O seguinte levantamento, retirado do *Revue Britannique*, jornal que o publicou como divulgado por ordem do governo, poderá parecer exagerado à primeira vista, mas, se considerarmos a época a que se refere, havia na cidade vinte mil pessoas sem meios de subsistência, vinte mil ladrões, enganadores, larápios e malandros, ou *resurreccionistas*, dezesseis mil mendigos e oito mil indivíduos admitidos nas salas da Sociedade de Asilo; e se considerarmos que Londres é a capital de um reino devorado pelo pauperismo, no qual as propriedades territoriais estão acumuladas em um pequeno número de famílias, por causa das substituições e dos herdeiros primogênitos, no qual as aduanas mantêm os ganhos com altos preços, e no qual a continuada contraposição do luxo e da miséria dá margem a tentações que sem cessar renascem, não sabemos o que é mais de se estranhar, se a gravidade do mal, ou as dificuldades que ao que parece encontra o governo para remediá-lo.

Eis aqui a estatística econômica dos roubos cometidos em Londres no ano de 1831:

1º	Por criados, nas casas	3.372,50 duros
2º	No Tâmisa e nos cais	2.375,00 duros
3º	Nas docas e vias públicas	2.470,00 duros
4º	Em moeda falsa	950,00 duros
5º	Em falsificação de notas	807,50 duros
		9.975,00 duros

E, havendo em Londres um milhão e duzentos mil habitantes, sem contar os 64 mil indivíduos (entre pobres e malandros) de quem falamos, a miséria ou o crime fazem com que os ricos ou o comércio paguem anualmente uma contribuição de mais de oito duros por indivíduo.

———————

Vejamos agora cálculos mais recentes (1838). Pelos documentos apresentados às Câmaras inglesas, vê-se quão numerosos e consideráveis são os atentados que se cometem em Londres e em seus arredores contra a propriedade pública e privada no decurso de um ano.

Os roubos estão divididos em seis classes:

1ª	Subtrações, roubos domésticos feitos pelos criados, empregados e garçons	3.550,00 duros
2ª	Roubos no Tâmisa e cais adjacentes	2.500,00 duros
3ª	Roubos e fraudes nos armazéns e docas da capital	1.500,00 duros
4ª	Roubos com arrombamento de portas, e, nas ruas, a mão armada	1.100,00 duros
5ª	Dinheiro falso	1.000,00 duros
6ª	Falsificações de assinaturas, de papel timbrado e de cédulas	850,00 duros
		10.500,00 duros

Vejam que as quantias roubadas aumentaram desde 1831. Isto continua.

———————

A arte de roubar

Observações sobre a propriedade literária e sobre o roubo que se comete com as impressões malfeitas ou sub-reptícias

Há coisa de meio século que ao sr. Dugour lhe reimprimiram furtivamente os oito primeiros tomos de uma obra de agricultura, usando-a para um serviço muito malfeito. O bom agrônomo quis desforrar-se compondo uma extensa obra sobre a propriedade literária, que disse tê-la bastante adiantada; mas não publicou mais que uma memória, da qual se retiraram as seguintes observações. Não se incomodem os impressores: não falo eu, fala o sr. Dugour, e

Que fizer aplicações
com seu pão as coma.

"A propriedade literária deveria ser a mais sagrada de todas as propriedades, já que nenhuma tem origem mais pura, pois emana inteiramente do pensamento, e é, com toda a força do termo, uma *criação*.

"Mas como é que nenhuma se respeita menos, nem se viola com mais impunidade? O larápio que furta um lenço é olhado geralmente com horror, e o pirata que rouba uma propriedade literária vive tranquilo em sua casa e pretende não desmerecer minimamente a estimação pública. Deixando por hora a averiguação de onde nasce tão estranha condição, examinemos se as propriedades literárias descansam sobre as mesmas bases que todas as demais propriedades e se têm todas as características que asseguram a estas a proteção e a garantia das leis.

"Elas são fruto de uma educação liberal, de conhecimentos adquiridos com vigílias, trabalhos, viagens, gastos consideráveis e ainda com perigos. Aquele que se acha capaz de distin-

211

D. Dimas Camándula

guir-se na carreira da literatura ou das ciências foi forçado a renunciar aos empregos vindos do império e às especulações lucrativas do comércio.

"Mas ainda prescindindo de que as produções literárias são filhas da imaginação, o que as coloca em primeiro lugar com respeito a todas as demais; como de outra parte não podem se fazer comunicáveis sem o auxílio de alguns capitais, resulta que sob esse aspecto pertencem ao número de todas as operações sociais sobre que se fundamentam as propriedades.

"Quanto vale a um aficionado pelas letras gozar de descobrimentos em que seu autor gastou às vezes trinta ou quarenta anos de investigações? O preço moderado de um exemplar da obra, com o que adquire uma espécie de propriedade ao mesmo tempo moral e pecuniária, que não se parece às demais propriedades, as quais para passar a uma mão saem necessariamente de outra e a empobrecem. Uma casa não é útil senão ao que a ocupa, e uma herança aos que a mantêm; mas a propriedade literária é desfrutada por todos os que querem aproveitar-se dela. Haverá, pois, propriedade que descanse sobre bases mais sólidas e menos suspeitosas? Haverá alguma que se adquira a preço mais caro? E que melhor patrimônio poderá deixar um pai aos seus filhos?

"Sendo, pois, as impressões sub-reptícias um atentado contra esta propriedade, são um furto. Elas privam o proprietário de uma obra do fruto de suas vigílias e do pão aos seus filhos; sendo tanto mais criminosas quanto não é a necessidade que as provoca. A um salteador de rua lhe excita às vezes a força da fome; rouba porque precisa de dinheiro; rouba porque não tem outro recurso para libertar da morte a sua esposa e tudo o que mais ama neste mundo; mas o ladrão das propriedades literárias não pode alegar essa desculpa, pois necessita na maioria das vezes de capitais muito consideráveis para cometer um furto. Não é pois senão a sede da cobiça, e um vil e criminoso desejo de enriquecer-se à custa alheia, o que lhe incita a desfrutar sem pudor dos frutos de uma herdade que não cultivou.

"E quem é muitas vezes o ladrão? O mesmo impressor a quem se confia a impressão do seu trabalho. É preciso ter uma moral à parte para comportar-se tão vilmente. O alfaiate que fica com um palmo ou dois de pano confessa para si que rouba; mas um impressor que tira 250 ou quinhentos exemplares mais do que o combinado de uma obra que não é sua não pensa que rouba, senão que cobra um direito, um percentual que lhe é devido.

"Júpiter, para quando são os teus raios!

"Aquele que rouba em um bosque, em um caminho, expõe-se a que lhe apanhem e lhe mandem ao presídio; mas um impressor que assassina o infeliz que vai buscá-lo em sua própria casa e lhe proporciona trabalho não corre tanto perigo como aquele, especialmente se o autor não toma precaução alguma. Aqui poderiam ser ditas lindas coisas sobre o destino e a direção que costumam dar os impressores aos exemplares roubados, mas são omitidas em favor da brevidade.

"Além disso, este roubo não exige nenhuma espécie de talento daquele que o comete, pois, mediante um mecanismo muito fácil, que só consiste em pagar certo número de jornadas, multiplica de um modo assombroso os vergonhosos frutos de seu latrocínio; e muitas vezes, a fim de insultar com mais audácia às leis, com a segurança de não ser descoberto, utiliza o endereço de um domicílio que não é o seu e ainda imita a assinatura e rubrica daquele a quem roubo; quer dizer, além de ser ladrão, torna-se falsário.

"Não se diga que as edições contrafeitas são úteis para estender as luzes pois isto só poderia ser correto quando o autor, dono de uma obra, se encontrasse na impossibilidade física de vendê-la a todos os compradores; o que não sucede assim, porque não só pode multiplicar os exemplares até o infinito, senão que está interessado em fazê-los circular com profusão, posto que seu lucro há de ser o resultado da repercussão das vendas.

"Advirta-se igualmente que este roubo não só é prejudicial às obras que existem, senão às que podem vir a nascer, e que realmente faltam em diferentes ramos do conhecimento humano, das quais até a ideia abandonarão os literatos se não têm a esperança de achar na propriedade dos seus trabalhos, não digo a recompensa, senão a natural e justa indenização que lhes é devida. Porque não devemos esquecer que só a certeza de transmitir as suas propriedades aos seus descendentes produz a ambição da glória e o desejo dos bens em todas as classes do Estado, e a que impulsiona o empreendimento de trabalhos duradouros, dos quais goza depois a posteridade.

"Outra observação essencial: os piratas literários não exercem indistintamente sua pirataria sobre todas as obras, senão sobre aquelas que têm mais aceitação, e cujos benefícios puderam indenizar melhor ao proprietário das perdas experimentadas em outros livros invendáveis.

"Por conseguinte, sob todos os aspectos, as impressões sub-reptícias são o roubo mais fácil, o mais odioso, o mais difícil de impedir e, por isso mesmo, as leis deveriam castigar com a mais terrível severidade."

A arte de roubar

O direito de propriedade

O engraçadíssimo FÍGARO (pseudônimo mais conhecido do sr. d. Mariano José de Larra, de quem copiei já os ROUBOS RECENTES), é o autor do seguinte artigo. O incisivo escritor se queixa com razão do pouquíssimo respeito que geralmente se tem à propriedade literária, efeito, em parte, segundo opino eu, de não haver uma lei clara e terminante sobre os direitos dos autores. Mas espero que não deveremos tardar em tê-la, pois faz anos que se fala de formulá-la: grande coisa é falar sobre como se querem as coisas. E logo, como na Espanha tudo se faz por meio de comissões e de juntas (assim sai aquilo!), também se nomeou faz tempo uma comissão que preparasse, elaborasse ou confeccionasse um *projeto* de lei sobre a matéria. De onde infiro que andando os tempos, e muito antes do dia do juízo final, a propriedade literária estará arranjada... ou próxima de se arranjar.

> "Vejo que já não é tido por sábio senão
> aquele que sabe a arte lucrativa da pecúnia...
> Vejo os ladrões muito honrados...
> tudo cheio de fé rompida e traições,
> tudo cheio de amor pelo dinheiro."
> Luis Mejía

"O que é o direito de propriedade? Se nós não dissermos, quem o dirá? E se ninguém o diz, quem o saberá? E se ninguém o sabe, quem o remediará?

"Já a fama espalhou de província em província, de povoado em povoado, a glória do novo aluno das *nove*; já o importante e ansiado voto do ilustre público coroou sua mente com uma folha que não murcha; ressoaram os aplausos, vertendo o *gênio* lágrimas de alegria, e já vai gozar do prêmio das suas tarefas.

"Pelo menos o azarado pensa assim; mas não sabe que escolheu má palestra para triunfar e que, neste jogo, como no perde-ganha, o que ganha é o que dá mais a comer. Se sua modéstia e sua má ventura quiseram que, por acaso, atrasasse a publicação de sua obra, levantar-se-á uma manhã e verá o anúncio dela, já impressa e colocada à venda, andando pelas esquinas da capital. Algum livreiro de... (de onde não é justo nomear) fez o favor de imprimi-la em um papel muito ruim, com péssima tipografia, com o texto original corrompido e sem lhe pedir licença. Assim correm impressas muitas delas, e isso se faz pública e livremente.

"Não compreendemos na realidade por que há de ser um autor dono da sua comédia. Verdade é que na sociedade parece à primeira vista que cada qual deve ser dono do que é seu; mas isso não vale de nenhuma maneira para os poetas. Este é um animal que nasceu como o macaco para divertir gratuitamente os demais, e suas coisas não são suas, senão do primeiro que topa com elas e se apodera delas. Boa razão é que o pobre homem tenha feito a sua comédia para que seja sua! Lindo *donaire*! Deus criou o poeta para o livreiro, como o rato para o gato; e caminhando sobre este suposto, que ninguém nos poderá negar, está claro que o impressor que faz tal coisa cumpre o seu instinto, desempenha uma obra meritória e, se não ganha o céu, ganha o dinheiro, que para certas consciências tudo é ganhar.

"Desconcertados estamos com a bondade e liberalidade daqueles impressores honrados (que também existem) que

A arte de roubar

se dignam a favorecer o autor solicitando sua permissão e seu texto, pagar-lhe o preço que convém e entregá-la depois licitamente ao público. Estes devem entender pouco ou nada das crises de consciência; porque é mais simples e natural sair à caça de comédias como quem sai à caça de pássaros, atirando na revoada para que caia qualquer uma... e que reclame com a revoada a prensa, e que reclame o autor!

"Nós, à fé de poetas, se é que se deixa que os poetas tenham pelo menos fé (já que tão pouca esperança têm), juramos-lhes não acudir aos tribunais a queixar-nos deles, porque nunca gostamos de questões de nomes; e tanto nos dá que seja a divina Astrea a que tire os frutos das nossas comédias como que seja o livreiro; com a vantagem para este de que pelo menos nos dá a glória, enquanto a outra só nos poderia dar cuidados e as conchas vazias de uma ostra que houvesse engolido. Façam, pois, muito bom proveito os senhores tratantes de livros, que isso fazem, de nossa imaginação; que enquanto estejamos nós aqui não lhes há de faltar forma de vida aos ladrões da nossa literatura; e ainda talvez nos demos por muito bem honrados e contentes.

"Tomara tivessem fim aqui os infortúnios do pobre autor! Mas, deixando à parte o vil interesse e entrando pelos campos da glória, que eloquente falador poderia enumerar as tropelias que o desventurado criador ainda sofrerá na sua própria pátria? Veja como sua comédia corre de teatro em teatro, em todas as partes; mas aproximemo-nos um pouco mais. Aqui o corifeu da companhia lhe tirou seu título, colocou outro, filho do seu capricho: porque que entendem os poetas de colocar títulos em suas comédias? Ali outro cacique daqueles índios da *língua* lhe tirou uma *prosa* ou lhe suprimiu uma cena: porque que ator, por pior que represente, não há de saber melhor que o melhor poeta onde hão de estar as cenas e quão longos hão de ser as prosas e os diálogos, e todas as bobagens da arte, particularmente se em sua vida não viu um livro, nem estudou uma palavra? Porque é de advertir que, em matéria de poesia, o que mais lê e mais estuda é o que menos entende. E agradeça se a faca daquele bárbaro vitimário não lhe suprimiu inteiro o papel de um personagem, mesmo se este era o protagonista, que era o que menos falta fazia e mais fora estava do seu lugar.

"E ainda dessa maneira, mutilada, gostou da comédia!!! Pois neste caso não haverá falsa mesquinharia, nem torpe drama, nem tradução mercenária à qual não se coloque o nome do autor uma vez aplaudido. Tal é a despreocupação dos atores de província: para eles todos os homens e todos os autores são iguais; e, desde o ápice de seus fictícios tronos, veem todos os maiores criadores do tamanho de pequenas avelãs, e fazem justiça de uns e de outros, e uma massa comum de todas as suas obras, baseados em que tal autor não fez tal obra, bem pudesse tê-la feito; e no supremo tribunal destes novos privilegiados pela fama, o mesmo vale um Juan Perez que um Pedro Fernandez.

"Concluímos, portanto, que o poeta é o único que não é filho, nem tampouco pai das suas obras. Dediquem-se, companheiros, dediquem-se às letras rapidamente: este é o prêmio que os espera. E queixem-se, pelo menos, infelizes! Logo ouvirá a turba de gritadores que à primeira queixa os defende! Que escândalo! Um homem que reclama o que é seu; um louco que não quer ter considerações com os tolos; um desavergonhado que diz a verdade no século da boa educação; um insolente que se atreve a ter razão! Isso não se diz assim, senão de modo que ninguém o entenda: prenda esse homem que pretende que o talento seja algo entre nós; que não tem respeito à injustiça... Prenda-o, e que siga tudo como está, e faça calar o falador."

Sim, calaremos, gritadores, que gritam de medo, calaremos; mas só calaremos *espontaneamente* quando tivermos falado.

––––––––

Notícias soltas

Aí vão sete bobagens, espécie de mosaico ou entremez para amenizar mais e mais a leitura deste importante livro.

Curiosidade – Em latim, a palavra *latro* (ladrão), que originalmente significava *soldado*, foi aplicada aos ladrões por causa das rapinas a que se entregavam os soldados.

––––––––

O relógio de Luis Felipe – Em uma das muitas visitas que Luis Felipe fez (neste ano de 1844) à exposição industrial de Paris, o mesmo rei foi tirar o relógio para ver a hora e percebeu que o haviam roubado. Isso foi tão mais estranho, dizem os jornais, porque naturalmente naquele dia se tinham expedido contados os bilhetes de entrada à exposição: sobretudo sempre é estranho roubar assim o que um rei leva consigo mesmo. Fala-se muito disso em Paris, e a polícia está muito atenta.

Até agora (passaram-se quatro meses) o relógio ainda não apareceu.

––––––––

D. Dimas Camándula

Um país de ladrões — Um engenheiro francês acaba de dar à luz (neste ano de 1844) uma viagem intitulada *Incursão geológica no Paraíso terrestre*. Este lugar privilegiado não é outra coisa que o Curdistão, província da Turquia asiática. O entusiasmo do autor em favor daquele país não o impede de confessar francamente que a profissão mais comum de seus habitantes é o *roubo*. O roubo é a paixão dominante, a ocupação favorita; em uma palavra, a lei do país. Todos os curdos roubam: os homens mais industriosos e trabalhadores roubam ainda quando não necessitam. O viajante, entretanto (dizem os jornais), pôde atravessar toda a província, sem que ninguém tocasse em sua bagagem: mas isso foi porque toda ela era composta de *pedras* para um gabinete de mineralogia.

Os ladrões confeiteiros — Durante a impressão desta obra, chegou pelos jornais até mim a notícia de que há em Madri uma casta de ladrões chamados tecnicamente *confeiteiros*, cujas artes várias se exercitam com especialidade em explorar os forasteiros na corte. Contam-se lindas proezas do grêmio latro-confeiteiro; mas parece que a polícia tem pistas deles e conseguiu sobre eles algum triunfo. Tenham, pois, entendido os provincianos que por qualquer motivo vão a Madri: ali é preciso que redobrem as precauções, não só por causa dos *confeiteiros* (será uma denominação alusiva?), senão também porque é a *corte*, e em todas as cortes se rouba mais que em outros povoados, quando não por outra razão, pela simples de que há mais indivíduos que precisam de meios decorosos de subsistência.

Uma etimologia – Querem os senhores saber a etimologia das palavras francesas *vol* (roubo) e *voleur* (ladrão)? Ouçam.

Na Idade Média, certos senhores feudais, não contentes em sufocar os seus súditos à força de contribuições, impostos e outras extorsões de toda sorte, se entregavam também a verdadeiros atos de bandidagem. Então se viam aqueles nobres cavalheiros, cobertos de ferro e escoltados pelos seus satélites, vagar pelas estradas reais e depenar, como que por passatempo, os viajantes e os marchantes, sem respeitar nem sequer os peregrinos, nem os religiosos. *Iam à presa*, segundo expressão da moda naqueles tempos. Em suas correrias se equipavam normalmente, como para a caça do *vol* (voo) ou dos pássaros: e deste tipo de equipamento usado nesta caça e naquelas expedições contra os viajantes veio a palavra francesa *voleur* (ladrão).

Uma espartanada – Em todos os tempos e em todos os povos foi severamente reprimido o roubo: algumas raças germânicas das que invadiram a Europa ocidental no século V castigavam-no quase sempre com pena de morte. Assim que não deixa de nos admirar a particularidade da educação dos jovens espartanos, a quem a lei, para habituá-los à agilidade e à astúcia, autorizava-os a introduzir-se furtivamente nos jardins e nos salões dos banquetes públicos para roubar frutas e manjares; e, entretanto, os castigava severamente se eram descobertos em flagrante!!!

D. Dimas Camándula

Citações — Eis aqui umas quantas citações mais ou menos alusivas à matéria deste livro:

Fazenda, que teu amo te veja!

———————

Por um ladrão perdem cem na pensão.

———————

Furtar é coisa linda, se pendurassem pelo suspensório.

———————

Quem herda não furta.

———————

Re, re, rouba tu que eu roubarei.

———————

Quem tiver filho barão não chame ao outro de ladrão.

———————

Quem não herda, não medra.

———————

A arte de roubar

Mais vale volta de chave que consciência de frade.

———————

Quem tem loja que atenda.

———————

Aguazil descuidado, ladrões em cada mercado.

———————

Ladrãozinho de alfinete, depois sobe à bolsa.

———————

O olho do amo engorda o cavalo.

———————

Onde não valem cunhas, aproveitam unhas.

———————

O bem ganho leva-se o diabo, e o mal ganho a ele e ao seu amo.

———————

O quarto falso de noite passa.

———————

D. Dimas Camándula

Boa fama furto encobre.

————————

Para os azarados se fez a forca.

————————

A ocasião faz o ladrão.

————————

Pensa o ladrão que todos são da sua condição.

————————

O meu, meu, e o teu, de ambos.

————————

Entre dois amigos um tabelião e duas testemunhas.

————————

Boa notícia tem meu pai no dia que não furta.

————————

Ao pobre o sol come.

————————

A arte de roubar

Chora sozinho, e não me chores pobre.

———————

Furtar o porco e dar os pés por Deus.

———————

Nem putaria nem furto são escondidos por muito tempo.

———————

Quem mais tem mais quer.

———————

De moendeiro mudarás, mas de ladrão não escaparás.

———————

Um artigo roubado

Sob o título de Os LADRÕES, foi publicado no jornal *El Cotidiano*, que circulava em Madri em fins de 1840, um artigo engraçadíssimo e do qual me apoderei prontamente para intercalá-lo em meu *A arte de roubar*. Hoje chegou a hora de fazer uso dele, e aí vai como digna conclusão deste capítulo.

D. Dimas Camándula

Os ladrões

Todos neste mundo
somos ciganos;
uns contra os outros
lutamos.

"Não há por que se assustarem, caríssimos leitores, com o título do meu pequeno artigo; não se trata aqui dos ladrões plebeus que pedem nas ruas *a bolsa ou a vida*, nem dos que se introduzem na casa alheia para limpar as cômodas e os cofres, nem menos dos larápios que sempre dão matéria para nosso artigo de *ocorrências da capital*: trata-se dos ladrões honrados, porque também há ladrões honrados: ao menos se *ladrão* se chama o que toma o que não lhe pertence, leve-me o diabo se conheço um só homem de bem no mundo que não mereça este epíteto. E entenda-se que, quando falo de homens de bem, não aludo só aos contratistas, provedores, escrivães, alfaiates, procuradores e comparsas, gente toda a quem venero e que com pouca justiça e menos cortesia são o alvo do murmúrio público e da sátira de todo bicho vivente. Falo dos homens de bem, dos homens mais de bem do mundo; do empregado, do escritor público, do advogado, enfim, do mais honrado que há na sociedade.

"Que homem destes não haverá infringido sequer uma vez em sua vida o sétimo mandamento? Ao qual, por exemplo, não lhe terão dado alguma vez um duro falso, que não tratou de endossá-lo ao vizinho? Que lojista não terá vendido úmido o sal? Quem há que, ao passar por uma vinha, não tenha cortado um cacho? Tu, empregado, por que escreves à tua família

A arte de roubar

com o papel do escritório? Por que ensinas teus filhos a escreverem com plumas do Estado? Por que suas filhas fazem flores com etiquetas do governo? Por que vais passear, por que te finges de doente enquanto corre o teu salário? Isso é roubar, e quem rouba é ladrão.

"E tu, fiel guarda que estás na moita para impedir o roubo, por que cortas uma vara para o teu filho? Por que caças uma lebre para que jante a tua família? És um ladrão que persegue os ladrões.

"'Então somos todos?' diz um velho rabugento, tirando os óculos e meneando a cabeça.

"'Sim, senhor, todos: o *mundo não é mais que uma grande associação de ladrões.* Ladrões decentes, ladrões comuns; essa é a única diferença. Neste pícaro território de preocupações, não é crime o roubo, senão o modo de fazê-lo: o que rouba por passatempo e por gosto nada tem de temer. Assim, pois, o grande problema para prosperar nesta vida consiste em roubar mais que o que nos roubam a nós. A balança de comércio e a propriedade dos particulares e das nações se reduzem em última instância a este axioma.'

"É preciso desconfiar de todos, e principalmente dos homens de bem: os homens de bem são ladrões decentes, e com eles não há queixas, nem tribunais, nem restituição. Não deixe nunca um homem de bem em seu jardim, porque comerá sua fruta e colherá suas flores. Não lhe confie sua mulher, em particular se é bonita, que os homens de bem se atiram a tudo. Não lhe empreste um livro, se gosta de ler, porque se esquecerá de devolvê-lo. Se é escritor, não solte na sua presença uma ideia, porque no dia seguinte a verá impressa com o nome dele. Mas estime-o, porque ele é exatamente o que se chama de homem de bem; nunca

D. Dimas Camándula

o verá na cadeia nem em um presídio; mas rouba, porque roubar para ele é viver. Você é um pobre diabo que morre de fome e rouba uma peseta de alguém? Enforcam-no e morre infamado. Não necessita disso e, entretanto, rouba milhões a uma nação inteira sem expor-se a risco nenhum? Viverá rico e respeitado; essa é a diferença. É, entretanto, a diferença que existe entre um Alejandro e um José Maria, entre um alto funcionário e um salteador. Havia uma lei em Esparta pela qual não se castigava o roubo, senão só a torpeza do que não sabia roubar. Muitas vezes os moralistas citaram esta lei com estranheza, supondo--a divergente de nossos atuais costumes: eu confesso que não encontro tal diferença. Não temos mudado em nada mesmo depois de muitos séculos. Tampouco agora se enforcam mais ladrões que os que têm a lerdeza de deixar-se apanhar; os que não se apanham não são enforcados; segue, pois, em vigor entre nós a lei de Esparta.

"Repito, roubar é viver;

Todos neste mundo
somos ciganos;
uns contra os outros
lutamos.

"Eu mesmo, que estou falando, roubo este artigo não sei de onde nem de quem."

———————

SOBRE O LIVRO

Formato: 14 x 21 cm
Mancha: 23 x 44 paicas
Tipologia: Venetian 301 12,5/16
Papel: Pólen Soft 80 g/m² (miolo)
Cartão Supremo 250 g/m² (capa)
1ª *edição:* 2012

EQUIPE DE REALIZAÇÃO

Edição de Texto
Michelle Strzoda/Babilonia Cultural Editorial (Copidesque)
Giuliana Gramani (Preparação de original)
Camilla Bazzoni de Medeiros (Revisão)

Capa
Andrea Yanaguita

Editoração Eletrônica
Eduardo Seiji Seki (Diagramação)

Assistência Editorial
Jennifer Rangel de França

SÉRIE CLÁSSICOS

Cartas escritas da montanha
Jean-Jacques Rousseau

Lógica para principiantes
Pedro Abelardo

Escritos pré-críticos
Immanuel Kant

História natural da religião
David Hume

O mundo como vontade e como representação
Arthur Schopenhauer

Investigações sobre o entendimento humano
David Hume

Metafísica do Belo
Arthur Schopenhauer

Verbetes políticos da Enciclopédia
Denis Diderot e Jean Le Rond D'Alembert

O progresso do conhecimento
Francis Bacon

Cinco memórias sobre a instrução pública
Condorcet

Tratado da natureza humana
David Hume

Ciência e fé
Galileu Galilei

Os elementos
Euclides

Obras filosóficas
George Berkeley

Começo conjectural da história humana
Immanuel Kant

Hinos homéricos
Júlio César Rocha, André Henrique Rosa e Wilson A. Ribeiro Jr. (Orgs.)

A evolução criadora
Henri Bergson

A construção do mundo histórico nas ciências humanas
Wilhelm Dilthey

O desespero humano
Søren Kierkegaard

Poesia completa de
Yu Xuanji

A escola da infância
Comenius

Cartas de
Claudio Monteverdi

Os Analectos
Confúcio

Tratado da esfera
Johannes de Sacrobosco

Rubáiyát
Omar Khayyám

GRÁFICA PAYM
Tel. (011) 4392-3344 · paym@terra.com.br